FAC • UNIVERSITÉS

MÉMENTOS LMD

DROIT DES SUCCESSIONS

7e édition

Corinne RENAULT-BRAHINSKY

est Docteur en droit et auteur de nombreux livres de droit à destination des étudiants en droit (licence et master). Retrouvez-la sur son blog : *http://pagesdedroit.blogspot.com* ou sur Facebook (L'auteur Corinne Renault-Brahinsky).

Livres publiés par l'auteur chez le même éditeur

Collection Fac-Universités

- Mémentos LMD – Droit des obligations – 10e édition 2013
- Mémentos LMD – Procédure pénale – 14e édition 2013
- Mémentos LMD – Droit des régimes matrimoniaux – 5e édition 2013
- Mémentos LMD – Droit des successions – 7e édition 2013

Collection Carrés Rouge

- L'essentiel du droit des personnes – 7e édition 2013
- L'essentiel du droit de la famille – 12e édition 2013
- L'essentiel du droit des obligations – 9e édition 2013
- L'essentiel de la procédure pénale – 13e édition 2013
- L'essentiel du droit des régimes matrimoniaux – 7e édition 2013
- L'essentiel du droit des successions – 7e édition 2013

33, rue du Mail 75081 Paris cedex 02
ISBN 978 - 2 - 297 - 03237 - 7
ISSN 1288-9199

FAC • UNIVERSITÉS

MÉMENTOS LMD

DROIT DES SUCCESSIONS

Corinne RENAULT-BRAHINSKY

7e édition

Gualino
lextenso éditions

Présentation

Les lois du 3 décembre 2001 et du 23 juin 2006 ont profondément réformé le droit des successions pour l'adapter aux exigences de la société moderne. Cet ouvrage présente de façon à la fois synthétique, structurée et illustrée l'ensemble des connaissances qu'un étudiant en droit et qu'un candidat aux divers concours administratifs (concours d'entrée à l'École nationale de la Magistrature, examen d'entrée au centre de formation professionnelle des avocats...) comportant cette matière doivent avoir sur le droit des successions. Il s'adresse également à toutes les personnes désireuses de s'informer sur leurs droits et leurs devoirs en la matière. Sont successivement développés :

– ***les principes généraux*** : principes du droit des successions afférents à la structure du patrimoine, principes tenant à la structure familiale de la succession (ordre, degré, représentation...), ouverture de la succession, conditions nécessaires pour succéder ;

– ***la dévolution successorale*** : en l'absence du conjoint survivant (droits des descendants, des ascendants et des collatéraux privilégiés, des ascendants ordinaires, des collatéraux ordinaires), droits du conjoint survivant (quotité de l'usufruit ou de la pleine propriété, liquidation, conversion de l'usufruit) ;

– ***les successions particulières*** : successions vacantes, en déshérence, anomales ;

– ***le pouvoir de la volonté et ses limites*** : libéralités, prohibition des pactes sur succession future, réserve et quotité disponible ;

– ***le règlement successoral*** : saisine des héritiers, option successorale, indivision successorale, partage, aspects fiscaux.

Chaque chapitre est complété d'une bibliographie qui recense les principaux développements doctrinaux existant sur chaque thème.

Sommaire

PARTIE 3
Le pouvoir de la volonté

TITRE 1 • Les libéralités

PARTIE 4
Le règlement successoral

Liste des principales abréviations

A.	*Arrêté*
AJ fam.	*Actualité juridique Famille*
ALD	*Actualités législatives Dalloz*
Ass. plén.	*Arrêt de l'assemblée plénière de la Cour de cassation*
Bull. civ.	*Bulletin des arrêts des Chambres civiles de la Cour de cassation*
Bull. inf. C. cass.	*Bulletin d'information de la Cour de cassation*
c/	*Contre*
C. assur.	*Code des assurances*
C. civ.	*Code civil*
C. pén.	*Code pénal*
C. rur.	*Code rural*
C. santé publ.	*Code de la santé publique*
Cass.	*Cour de cassation*
ch.	*Chambre*
Ch. Mixte	*Arrêt de la Cour de cassation siégeant en Chambre mixte*
Ch. Réunies	*Arrêt de la Cour de cassation siégeant toutes Chambres réunies.*
Chron.	*Chronique*
Civ.	*Arrêt d'une Chambre civile de la Cour de cassation*
CJCE	*Cour de justice des communautés européennes*
Com.	*Arrêt de la Chambre commerciale de la Cour de cassation*
Cons. const.	*Décision du Conseil constitutionnel*
Contra	*Solution contraire*
CPC	*Code de procédure civile*
Conv. EDH	*Cour européenne des droits de l'Homme*
Crim.	*Arrêt de la Chambre criminelle de la Cour de cassation*
D.	*Recueil Dalloz*
DA	*Recueil analytique de jurisprudence et de législation Dalloz (1941-1944)*
D. aff.	*Dalloz affaires*
DC	*Recueil critique de jurisprudence et de législation Dalloz (1941-1944)*
Defrénois	*Répertoire du notariat Defrénois*
DH	*Recueil hebdomadaire de jurisprudence Dalloz (avant 1941)*
Dir.	*Directive*
Doctr.	*Doctrine*
DP	*Recueil périodique et critique mensuel Dalloz (avant 1941)*
Dr. et patr.	*Droit et patrimoine*
Dr. Famille	*Revue Droit de la famille (Éditions du juris-classeur)*
Gaz. Pal.	*La Gazette du Palais*
GAJ civ.	*Grands arrêts de la jurisprudence civile*
infra	*Ci-dessous*
IR	*Recueil Dalloz-Informations rapides*
JCP	*Jurisclasseur périodique, Édition générale (semaine juridique)*
JCP E	*Jurisclasseur périodique, Édition entreprise et affaires*
JCP N	*Jurisclasseur périodique, Édition notariale et immobilière*
JO	*Journal officiel*

Journ. not.	*Journal des notaires et des avocats*
L.	*Loi*
LPA	*Les Petites Affiches*
PACS	*Pacte civil de solidarité*
Pan.	*Panorama*
préc.	*Précité*
réf.	*Référé*
Req.	*Arrêt de la Cour de cassation, Chambre des requêtes*
Resp. civ. et ass.	*Revue Responsabilité civile et assurances*
Rev. crit. DIP	*Revue critique de droit international privé*
Rev. huissiers	*Revue des huissiers de justice*
Rev. Lamy dr. aff.	*Revue Lamy de droit des affaires*
RFDA	*Revue française de droit administratif*
RRJ	*Revue de la recherche juridique – droit prospectif*
RTD civ.	*Revue trimestrielle de droit civil*
RTD com.	*Revue trimestrielle de droit commercial et de droit économique*
S.	*Recueil Sirey*
Soc.	*Arrêt de la Cour de cassation, Chambre sociale*
supra	*Ci-dessus*
T. civ.	*Jugement d'un tribunal civil*
T. corr.	*Jugement d'un tribunal, chambre correctionnelle*
TGI	*Jugement du tribunal de grande instance*
TI	*Jugement du tribunal d'instance*
v.	*Voir*
V°	*Mot ou mots (Verbo)*

PARTIE 1

Principes généraux

CHAPITRE 1

Introduction générale

1 • LA NOTION DE SUCCESSION

A - Définition de la succession

La succession désigne plusieurs choses :

- il s'agit d'abord d'un ***procédé de transmission des droits subjectifs*** par le décès : il nécessite l'existence d'un auteur (le *de cujus)* et celle d'un ayant cause (l'héritier) ;
- il s'agit également du ***patrimoine ou d'une partie du patrimoine*** qui passe du *de cujus* à l'héritier ;
- il s'agit enfin du ***droit même de l'héritier*** : on parle par exemple de « droit de succession du conjoint survivant ».

B - Fondement de la succession

Dans une première conception, le droit de succession est rattaché au ***droit de propriété***. Le *de cujus* a une place primordiale. La dévolution *ab intestat* est fondée sur les ***affections présumées*** du *de cujus*. Il s'agit d'un système individualiste.

Dans une seconde conception prédomine l'idée de ***conservation des biens dans les familles*** ; la succession constitue un moyen d'***assurer des ressources aux générations futures***. Elle peut être vue comme une forme capitalisée de l'obligation alimentaire. Il existe une ***réserve héréditaire*** pour les héritiers les plus proches c'est-à-dire qu'une partie du patrimoine ne peut se voir entamée par des libéralités. Cette conception exclut de la succession *ab intestat* le conjoint survivant et les enfants nés hors mariage.

Dans une troisième conception, c'est à la ***puissance publique*** de déterminer à qui revient le patrimoine héréditaire. L'État est partie prenante dans les successions en raison des impôts qu'il prélève à l'occasion de la transmission des biens.

2 • HISTOIRE DES SUCCESSIONS

L'étude de l'histoire des successions permet de montrer l'opposition qui peut exister entre la succession légale, *ab intestat,* et la succession testamentaire, qui selon les époques ou les lieux, ont tour à tour prédominé.

A - Le droit primitif

Il existe peu de renseignements relativement au droit primitif.

B - Le droit romain

En droit romain, le testament tient une place privilégiée, justifiée par le caractère individualiste du droit romain et par l'importance du droit de propriété. Par le testament, le testateur instituait son héritier et lui transmettait ses biens en même temps qu'une tradition familiale. Des mesures pouvaient cependant être prises afin que le testateur n'exhérède pas totalement ses proches.

C - L'Ancien Droit

Les pays de coutume, au Nord, s'opposent au pays de droit écrit, situés au Sud.

1) Les pays de droit écrit

Au Moyen-âge, le ***testament*** est, comme en droit romain, largement prédominant mais il existe également des mesures destinées à protéger les droits des proches du *de cujus.* Ainsi, une fraction de la succession appelée « la légitime » revient obligatoirement aux parents. En l'absence de testament, les héritiers *ab intestat* sont désignés selon ce que l'on imagine être la volonté du défunt.

2) Les pays de coutume

Dans les pays de coutume, il existe de nombreux régimes, qui possèdent néanmoins quelques traits communs. Le droit de succession a un caractère collectif, familial. Dès lors, la dévolution est principalement légale. Le testament est largement secondaire. La préoccupation principale qui domine le droit coutumier est celle de la ***conservation des biens dans la famille***. Le moyen de parvenir à ce but consiste dans la distinction entre les propres, constitués par les biens immobiliers reçus par le *de cujus* par succession, et les acquêts, acquis par le *de cujus* durant sa vie. Les propres doivent rester dans la famille au moins pour les 4/5e d'entre eux : *parterna paternis, materna maternis*. Le *de cujus* peut disposer des acquêts et des meubles comme bon lui semble avec parfois des limites qui varient selon les coutumes mais les biens dont il peut disposer sont généralement de moindre valeur. Des règles spécifiques de dévolution sont prévues pour les successions dites « nobles » avec notamment les « privilèges de masculinité » et de « primogéniture ». Il s'agit d'un ***droit successoral conservateur***.

D - Le droit intermédiaire

L'idée d'***égalité*** domine le droit révolutionnaire. Les révolutionnaires ont le souci de réagir contre les excès de la féodalité :

- la loi du 6 août 1790 supprime les privilèges ainsi que les inégalités attachées à la qualité d'étranger ;
- le décret du 8 avril 1791 supprime les inégalités attachées à la qualité d'aîné, de puîné et à la différence de sexe ;
- le décret du 4 juin 1793 met fin aux inégalités liées à la filiation ;
- la loi du 17 Nivôse an II (6 janvier 1794) illustre cette volonté d'établir une ***égalité à l'intérieur de la famille*** : ainsi, une personne ne peut tester qu'au profit d'un membre de sa famille et dans la limite d'1/10e de la succession afin d'éviter toute rupture d'égalité. Cependant, des legs peuvent être consentis à des tiers. Le patrimoine du *de cujus* est attribué à ses descendants, à défaut à ses frères et sœurs et à leurs descendants, à défaut aux père et mère. Aucune limite n'est fixée à la parenté. En revanche, il n'est pas fait mention du conjoint survivant. Il s'agit d'une loi rétroactive qui s'applique à toutes les successions ouvertes depuis 1789. Elle remet alors en cause des successions liquidées. Plusieurs lois successives seront nécessaires pour venir à bout de cette rétroactivité.

E - Le Code de 1804

Le Code civil de 1804 accomplit une œuvre transactionnelle entre l'ancien régime et le droit transitoire :

- la dévolution est principalement déterminée par la loi : il s'agit d'une dévolution *ab intestat*. La dévolution est aménagée en fonction des affections du *de cujus* et surtout de la parenté par le sang jusqu'au douzième degré ;
- le conjoint survivant est exclu ainsi que les enfants naturels ;
- une réserve héréditaire existe au profit des parents les plus proches ;
- le testament est prévu mais tient une place secondaire.

En ce qui concerne la liquidation et le partage, aucun règlement n'est prévu dans le Code civil pour faire cesser l'indivision entre les héritiers. La technique de la fente successorale ainsi que les hypothèses de successions anomales témoignent d'une certaine survie de l'idée de conservation des biens dans la famille.

F - L'évolution ultérieure au Code civil

L'évolution s'est accomplie ensuite en fonction des modifications de la conception de la famille et pour des raisons économiques.

1) Les modifications liées à la conception de la famille

De 1804 à 1917, la famille successorale existe jusqu'au douzième degré. À partir de 1917, la succession *ab intestat* s'arrête en principe au sixième degré de parenté.

Le conjoint survivant a vu ses droits *ab intestat* augmenter en 1891 et en 1972. Les enfants naturels simples ont vu leurs droits relevés en 1896 et en 1925, 1930, 1957,

1958, 1963 et 1972. Par l'effet de cette dernière loi, ils sont alors devenus l'équivalent des enfants légitimes du point de vue successoral. Les enfants naturels adultérins se sont vus reconnaître des droits successoraux. Le droit tient de plus en plus compte des affections présumées du défunt.

La réforme des droits du conjoint survivant a finalement abouti grâce à la ***loi du 3 décembre 2001*** « relative aux droits du conjoint survivant et des enfants adultérins et modernisant diverses dispositions de droit successoral ». Cette loi présente trois volets :

- ***les droits du conjoint survivant*** : la loi du 3 décembre 2001 améliore sensiblement la vocation successorale légale du conjoint survivant, et organise un certain nombre de mesures de protection en sa faveur telles que le droit de rester dans son logement ou le droit à pension ;
- ***les droits de l'enfant naturel adultérin*** : les discriminations successorales subies par les enfants naturels sont supprimées : sont abrogées les dispositions qui prévoient une restriction aux droits successoraux de l'enfant naturel adultérin ; l'action en retranchement est ouverte aux enfants naturels ;
- ***les diverses dispositions d'ordre successoral*** : un certain nombre d'articles du Code civil ont été réécrits afin de les rendre plus clairs notamment concernant les divisions par branche, ordre, degré... La répartition inégale de la succession entre les collatéraux privilégiés selon qu'ils sont utérins, consanguins ou germains est supprimée, ainsi que la théorie des comourants. Le régime de l'indignité successorale est largement réformé. Les dispositions relatives à la preuve de la qualité d'héritier sont également modifiées.

La ***loi du 23 juin 2006***, portant réforme des successions et des libéralités a pour objectif de faciliter le règlement des successions : réforme de l'acceptation à concurrence de l'actif net, assouplissement des règles de l'indivision, création de différents types de mandat pour gérer la succession...

2) Les modifications liées à des raisons économiques

a) L'attribution préférentielle

En 1938, le législateur a décidé que, si certaines conditions sont remplies, il peut y avoir lieu à une attribution préférentielle de l'exploitation agricole à charge d'une soulte et si l'attributaire se montre capable de diriger l'exploitation. La loi du 23 juin 2006 a apporté quelques modifications au régime de l'attribution préférentielle.

b) L'indivision

La loi du 31 décembre 1976 a incorporé au Code civil un statut précis de l'indivision. La loi du 23 juin 2006 a largement modifié les dispositions relatives à l'indivision en assouplissant notamment la règle de l'unanimité.

BIBLIOGRAPHIE

BEIGNIER (B.), *La réforme du droit des successions. Loi du 3 décembre 2001 : analyse et commentaire,* Litec, Coll. « Carré droit », 2002.

BOSSE-PLATIÈRE (H.), « L'esprit de famille après les réformes du droit des successions et des libéralités », *Informations sociales* 2007/3, n° 139, p. 178.

CATALA (P.), « La loi du 23 juin 2006 et les colonnes du temple », *Dr. Famille*, novembre 2006, p. 5.

GRIMALDI (M.), « Présentation de la loi du 23 juin 2006 portant réforme des successions et des libéralités », *D.* 2006, p. 2551.

MALAURIE (Ph.), « La réforme des successions et des libéralités », *Defrénois* 2006, art. 38482.

CHAPITRE 2

Les principes tenant à la structure du patrimoine

Le droit français affirme, comme de nombreux autres droits étrangers, le principe selon lequel on succède à la personne du défunt et non à ses biens. Le *de cujus* survit à travers ses descendants et plus largement à travers ses héritiers. Ainsi, l'héritier doit pouvoir entrer en possession des biens du *de cujus* en accomplissant un nombre réduit de formalités. Il recueille aussi bien l'actif que les dettes de la succession mais l'héritier peut, face à un passif important, renoncer à la succession ou l'accepter à concurrence de l'actif net.

1 • L'UNITÉ DE LA SUCCESSION QUANT À LA NATURE DES BIENS

A - Le principe

La nature des biens est en principe ***indifférente***. Ce principe figurait avant la loi du 3 décembre 2001 à l'article 732 du Code civil. Il n'a pas été repris à un autre article et ne figure donc plus dans le Code civil. Néanmoins, on ne peut en conclure que le principe a disparu.

Aucune distinction n'est faite entre les meubles et les immeubles.

Le principe de l'unité est fixe : la succession n'est pas organisée en fonction de l'origine des biens.

B - Les exceptions

Il existe un certain nombre d'exceptions au principe de l'unité de la succession quant à la nature des biens :

– en ***droit international***, les successions immobilières sont soumises par la loi française au lieu de situation des immeubles alors que les successions mobilières sont soumises au principe du dernier domicile du défunt ;

- dans les ***successions anomales***, certains biens sont en raison de leur origine dévolus à certains héritiers plutôt qu'à d'autres (exemple : biens donnés au *de cujus*) à certaines conditions ;
- les ***funérailles et tombeaux*** : la volonté du *de cujus* est appliquée lorsque celui-ci en a exprimé une, sinon le tribunal doit trancher sur le lieu de sépulture ; la sépulture est indivise entre les héritiers ;
- la ***propriété littéraire et artistique*** : il existe un régime dérogatoire prévoyant que le droit pécuniaire existe au profit des héritiers seulement pendant 50 ans après sa mort ; le conjoint survivant conserve l'usufruit de ces droits qui est transmis à son décès à l'héritier pour la période restant à courir jusqu'aux 50 ans suivants le décès de l'auteur ;
- certains ***éléments sont exclus de l'actif de la succession*** : droits viagers, capital des assurances-vie, bail rural...

2 • L'UNITÉ DE LA SUCCESSION QUANT À L'ORIGINE DES BIENS

A - Le principe

Avant la loi du 3 décembre 2001, l'article 732 du Code civil prévoyait que « *La loi ne considère ni la nature, ni l'origine des biens pour en régler la succession* ». Cet article a disparu. Cependant, l'existence de tempéraments au principe ainsi que de véritables exceptions permettent de conclure que le principe n'a pas été abandonné.

B - Le tempérament

L'article 747 du Code civil dispose que « *Lorsque la succession est dévolue à des ascendants, elle se divise par moitié entre ceux de la branche paternelle et ceux de la branche maternelle* ». L'article 749 prévoit que « *Lorsque la succession est dévolue à des collatéraux autres que les frères et sœurs ou leurs descendants, elle se divise par moitié entre ceux de la branche paternelle et ceux de la branche maternelle* : il s'agit du principe de la fente successorale ou « division par tranche », qui trouve sa source dans le droit coutumier (voir Chapitre 3).

C - Les exceptions

Le statut des souvenirs de famille constitue une exception notoire au principe de l'unité de la succession quant à l'origine des biens : en effet, les souvenirs de famille sont en principe maintenus dans la famille d'origine. Déterminés progressivement par la jurisprudence, la notion et le régime des souvenirs de famille restent cependant imprécis.

Point Jurisprudence

Le statut des biens de famille

Cass., 14 mars 1939[1] : la Cour de cassation pose le principe du maintien des souvenirs de famille dans la famille d'origine.

Civ. 1re, 21 février 1978 : en cas de désaccord, les juges doivent diviser et redonner les biens en fonction de considérations morales et non en fonction des règles habituelles de dévolution successorale : « *Les souvenirs de famille échappent aux règles de la dévolution successorale et de partage établies par le Code civil et peuvent être confiés, à titre de dépôt, à celui des membres de la famille que les tribunaux estiment le plus qualifié* »[2].

TGI Paris, 29 juin 1988[3] : les autres héritiers ont un droit d'accès et d'information sur les biens de famille.

CA Paris, 7 décembre 1987[4] : le dépositaire des biens de famille ne peut prétendre avoir acquis la propriété de ces biens en invoquant l'article 2276 du Code civil. Le dépositaire a peu de prérogatives sur ces biens qu'il ne peut céder à des étrangers à la famille sans l'accord exprès des autres membres de la famille.

BIBLIOGRAPHIE

DEMOGUE, « Les souvenirs de famille et leur condition juridique », *RTD civ.,* 1928, p. 27.

FRISON-ROCHE (A.-M.), *Sociologie du patrimoine, La réalité de la règle de l'unicité du patrimoine,* 1995.

PERRIER-CUSSAC, « Les droits du titulaire d'une concession funéraire », *JCP* N, 1990, I, p. 34.

RÉMY (Ph.), « L'évolution récente du droit patrimonial de la famille », *Trav. Ass. H. Capitant,* 1988, Tome XXXIX, p. 251.

SAVATIER (R.), « La transmission des sépultures », *Rép. Notariat et enreg.,* 1928, p. 307.

VIALLETON (H.), « Famille, patrimoine et vocation héréditaire en France depuis le Code civil », in *Mélanges Maury,* 1960, Tome II, p. 580.

1. Cass., 14 mars 1939, *D.* 1940, I, p. 9, note Savatier.
2. Civ. 1re, 21 février 1978, *D.,* 1978, Jur., p. 505, note Lindon, *JCP* 1970, II, 18836, concl. Gulphe, *Defrénois,* 1978, p. 866, obs. G. Champenois, *Grands arrêts,* n° 225.
3. TGI Paris, 29 juin 1988, *JCP* N, 1989, IV, p. 53, note Barbieri.
4. Paris, 7 décembre 1987, *JCP* 1988, II, 21248, note Barbieri.

CHAPITRE 3

Les principes tenant à la structure familiale de la succession

En droit français, la conception distributive de la dévolution successorale prédomine pour les héritiers de même degré, c'est-à-dire que l'on divise la succession par le nombre d'héritiers quelle que soit la parenté avec le *de cujus.*

La conception commutative, qui divise la succession en fonction du mérite des héritiers, est exclue en droit français.

1 • LE LIEN DE FAMILLE

Les seuls rapports pris en compte pour la dévolution de la succession sont ceux de la parenté et du mariage.

A - Les rapports de parenté

1) Le cercle de famille et la limitation de la successibilité

Le cercle de famille est constitué par l'ensemble des personnes unies par un lien de sang, auxquelles s'ajoute l'adopté.

La notion de famille est restreinte en droit des successions : la vocation successorale se limite au sixième degré (elle allait jusqu'au 12e en 1804). La loi du 3 décembre 2001 a supprimé les exceptions qui existaient encore à ce principe. Avant ce texte, il y avait deux exceptions :

- pour les descendants des frères et sœurs du *de cujus,* c'est-à-dire les ***collatéraux privilégiés***, il n'y avait pas de limitation de degré ;
- les ***collatéraux ordinaires*** (c'est-à-dire les collatéraux plus éloignés que les cousins issus de germains) succédaient jusqu'au douzième lorsque le défunt n'était pas capable de tester.

L'article 745 du Code civil prévoit désormais que « *Les parents collatéraux ne succèdent pas au-delà du sixième degré* ».

2) Les subdivisions

a) Les lignes

« *La suite des degrés forme la ligne* » (art. 742, al. 1er, C. civ.). La ligne constitue la première subdivision de la famille en matière de successions. Il existe deux sortes de rapports de parenté fondés sur la ligne :

- ***la ligne directe*** : elle unit des personnes descendant les unes des autres. Elle est ascendante ou descendante mais c'est toujours une ligne droite ;
- ***la ligne collatérale*** : elle unit des personnes qui ne descendent pas les unes des autres mais qui descendent d'un auteur commun. Il s'agit d'une ligne brisée ascendante puis descendante puisque pour la suivre, il faut remonter à l'ancêtre commun.

Pour aller plus loin

Le calcul des degrés

À l'intérieur d'une ligne, il est possible de calculer le degré séparant deux personnes :

- pour la ***ligne directe***, on compte le nombre de générations séparant le de cujus du parent envisagé : « *En ligne directe, on compte autant de degrés qu'il y a de générations entre les personnes : ainsi, l'enfant est, à l'égard du père et de la mère, au premier degré, le petit-fils ou la petite-fille au second ; et réciproquement du père et de la mère à l'égard de l'enfant et des aïeuls à l'égard du petit-fils ou de la petite-fille ; ainsi de suite.* » (art. 743, al. 1er, C. civ.) ;
- pour la ***ligne collatérale***, qui unit des personnes qui ne descendent pas les unes des autres, il convient de compter le nombre de générations jusqu'à l'ancêtre commun mais sans le compter et on redescend : « *En ligne collatérale, les degrés se comptent par génération, depuis l'un des parents jusque et non compris l'auteur commun, et depuis celui-ci jusqu'à l'autre parent. Ainsi, les frères et sœurs sont au deuxième degré ; l'oncle ou la tante et le neveu ou la nièce sont au troisième degré ; les cousins germains et cousines germaines au quatrième ; ainsi de suite* ». (art. 743, al. 2 et 3, C. civ.).

En aucun cas on ne subdivise à l'intérieur d'une ligne mais il existe des situations particulières :

- les frères et sœurs ***germains*** ont le même père et la même mère ;
- les frères et sœurs ***consanguins*** ont le même père mais des mères différentes ;
- les frères et sœurs ***utérins*** ont la même mère mais des pères différents.

b) La souche

Dès lors que chacun des descendants ou frères et sœurs du *de cujus* a lui-même des descendants, il donne naissance à une souche qui pourra être plus ou moins développée.

La souche est ainsi un groupe, ou plutôt un ***sous-groupe***, à l'intérieur de l'ordre des descendants ou de celui des collatéraux privilégiés. La souche corrige la règle selon laquelle une meilleure proximité de degré permet à un héritier d'être préféré à un autre.

B - Les rapports de mariage

Le rapport de mariage crée entre les époux une vocation successorale réciproque qui a largement été étendue par la loi du 3 décembre 2001.

1) La succession et le régime matrimonial

Lorsque le *de cujus* est marié et a adopté un régime communautaire, quelle part des biens est comprise dans la succession et devra donc être partagée ?

- ***si le*** de cujus ***est marié sous le régime de la communauté légale*** : sont partagés entre les héritiers la moitié des biens communs et les propres du *de cujus ;*
- ***si le*** de cujus ***est marié sous le régime de la communauté universelle*** : la moitié des biens communs est partagée entre les héritiers.

Lorsque le *de cujus* avait opté pour le régime de la ***séparation de biens***, seuls ses biens personnels viennent à la succession.

Lorsque les époux sont mariés sous le régime de ***participation aux acquêts,*** la moitié de la créance de participation sera partagée entre les héritiers.

2) Les conditions de prise en compte du mariage

La vocation successorale implique en principe un mariage. Le mariage doit avoir précédé le décès : le ***mariage posthume*** n'entraîne aucun droit de succession *ab intestat.*

Un problème de validité du mariage peut se poser :

- ***si le mariage est annulé avant le décès*** : aucun problème ne se pose. On considère que ce mariage n'a jamais existé ;
- ***si le mariage est annulé après le décès*** : la nullité a en principe un effet rétroactif. Le conjoint survivant qui aurait recueilli la succession serait tenu de la restituer sous réserve de l'application de la théorie du mariage putatif (art. 201, C. civ.). Si les deux époux étaient de bonne foi, l'annulation du mariage ne s'opère que pour l'avenir et la succession recueillie par le survivant lui reste acquise. Si seul l'un des époux était de bonne foi, l'annulation n'est rétroactive que vis-à-vis de l'autre : l'époux de mauvaise foi qui aurait recueilli la succession de son conjoint devra la restituer ; l'époux de bonne foi pourra la conserver.

En cas de ***séparation de corps***, l'époux conserve son droit à la succession dans la mesure où le mariage n'est pas dissous.

Lorsque les époux sont ***divorcés***, ils perdent l'un et l'autre les droits que la loi accorde au survivant dans la succession du prédécédé (art. 732, C. civ.). Si l'époux décède pendant l'instance en divorce alors que la décision peut encore faire l'objet d'un recours, on considère que le mariage a été dissous par décès.

2 • LE CLASSEMENT DES MEMBRES DE LA FAMILLE

Le système français tient compte de l'égalité entre les individus.

A - La hiérarchie

Les règles de dévolution successorale ont tendance à favoriser la parenté et les jeunes générations.

1) *L'ordre*

Les héritiers sont classés en ordres, c'est-à-dire par catégories de parents, et appelés à la succession les uns des autres. Avant la loi du 3 décembre 2001, le Code civil ne donnait pas une liste mais un certain nombre d'indications. Ce texte a modifié l'ordre des descendants qui est désormais différent selon la présence ou non d'un conjoint survivant.

a) L'ordre des héritiers en l'absence de conjoint survivant

L'article 734 du Code civil définit 4 ordres d'héritiers dans l'hypothèse de l'absence de conjoint successible. « *Chacune de ces 4 catégories constitue un ordre d'héritier qui exclut les suivants* » :

1er ordre : les enfants et leurs descendants.

2e ordre : les père et mère, frères et sœurs et les descendants de ces derniers.

3e ordre : les ascendants autres que les père et mère.

4e ordre : les collatéraux autres que les frères et sœurs et les descendants de ceux-ci.

L'ordre des descendants prime toujours l'ordre des ascendants.

Depuis la loi du 23 juin 2006, les 2e et 3e ordres d'héritiers peuvent parfois cohabiter : l'existence d'héritiers du 2e ordre, notamment lorsque seul le père ou la mère du défunt est présent dans cet ordre, n'exclut plus forcément le 3e ordre d'héritiers de l'autre branche que celle du survivant du 2e ordre.

b) L'ordre des héritiers en présence d'un conjoint survivant

Les articles 756 et suivants du Code civil définissent les conditions dans lesquelles le conjoint survivant vient à la succession (voir Chapitre 8).

2) *Le degré*

Selon l'article 741 du Code civil, « *la proximité de parenté s'établit par le nombre de générations ; chaque génération s'appelle un degré* » (pour le calcul du degré, cf. *supra*). À l'intérieur de chaque ordre d'héritiers, le classement s'opère selon la règle du degré : l'héritier du degré le plus proche exclut l'héritier d'un degré plus éloigné. Un degré correspond à une génération.

Il existe une exception dans l'ordre des ascendants privilégiés puisque les père et mère (héritiers du premier degré) y viennent en concours avec des frères et sœurs du défunt (héritiers au second degré) ou avec des descendants de ceux-ci, donc avec des héritiers d'un degré encore plus éloigné (art. 738, C. civ.).

B - L'égalité

L'égalité des individus est le principe, corrigé par l'égalité des souches et l'égalité des lignes.

1) L'égalité des individus

Selon l'article 744, alinéa 2 du Code civil, s'il y a dans une succession des héritiers de même degré dans un ordre, il y a alors une ***division par tête et par égale portion***. Cet article consacre l'égalité des sexes, interdit le droit d'aînesse et supprime la technique du partage par « lits ou par ventrées ».

2) L'égalité des souches : la représentation successorale

Selon l'article 751 du Code civil, « *la représentation est une fiction juridique qui a pour effet d'appeler à la succession les représentants aux droits du représenté* ».

Il s'agit d'une exception au principe du degré qui favorise l'égalité des souches.

a) Le champ d'application de la représentation successorale

La représentation fonctionne au profit des héritiers qui sont la résultante des lignes paternelles et maternelles, c'est-à-dire les descendants et collatéraux privilégiés :

- ***les descendants*** : « *La représentation a lieu à l'infini dans la ligne directe descendante* » (art. 752, al. 1er, C. civ.). La personne peut venir à la succession quel que soit le nombre de degrés et s'il n'y a pas de coupure dans la parenté ;
- ***les collatéraux privilégiés*** : la représentation est implicitement écartée entre frères et sœurs du défunt. « *En ligne collatérale, la représentation est admise en faveur des enfants et descendants de frères et sœurs du défunt, soit qu'ils viennent à sa succession concurremment avec des oncles ou tantes, soit que tous les frères et sœurs du défunt étant prédécédés, la succession se trouve dévolue à leurs descendants en degrés égaux ou inégaux* » (art. 752-2, C. civ.).

La représentation n'a pas lieu en faveur des ***ascendants*** (art. 752-1, C. civ.) (le plus proche en degré exclut le plus éloigné à l'intérieur de chaque ligne), ni au profit des collatéraux ordinaires.

b) La mise en œuvre de la représentation successorale

L'article 753 du Code civil dispose que « *Dans tous les cas où la représentation est admise, le partage s'opère par souche, comme si le représenté venait à la succession ; s'il y a lieu, il s'opère par subdivision de souche. À l'intérieur d'une souche ou d'une subdivision de souche, le partage se fait par tête* ».

c) Les conditions de la représentation successorale

- Les conditions relatives au représenté :

- le représenté doit être décédé lors de l'ouverture de la succession du *de cujus ;*
- la représentation d'un renonçant est désormais possible dans la succession dévolue en ligne directe ou collatérale (art. 754, al. 1er, C. civ.). On peut également représenter celui à la succession duquel on a renoncé (art. 754, al. 4, C. civ.) (avant la loi du 3 décembre 2001, la représentation d'un renonçant, mais également d'un indigne était exclue ; art. 787 ancien, C. civ.). La loi du 3 décembre 2001 avait déjà permis la représentation d'un indigne, à condition que celui-ci soit vivant à l'ouverture de la succession (art. 755, C. civ.).

Exemple

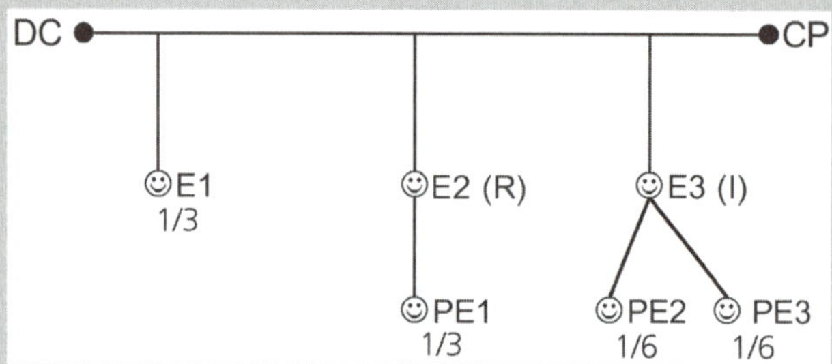

Légende du schéma : DC : de cujus ; CP : conjoint prédécédé ; E : enfant ; PE : petits-enfants ; R : renonçant ; I : indigne

L'article 805 du Code civil permet aux représentants de l'héritier renonçant de recevoir sa part. La succession qui devait se partager également entre les 3 enfants est dévolue pour un tiers à l'enfant 1, pour un tiers au petit-enfant 1 qui représente l'enfant 2 qui a renoncé et les petits-enfants 2 et 3 se partagent le troisième tiers soit un sixième chacun puisqu'ils peuvent venir en représentation de l'enfant indigne dès lors que celui-ci est encore vivant au moment de l'ouverture de la succession (art. 729-1 et 755, C. civ.).

- Les conditions relatives au représentant :
  - la représentation n'est possible que s'il existe un lien de descendance du représentant par rapport au représenté (art. 752 et s., C. civ.) ;
  - le représentant doit avoir une aptitude personnelle à recueillir la succession du *de cujus*. Le représentant doit être vivant ou au moins conçu et non indigne à l'égard du *de cujus*, peu importe qu'il soit ou non à la succession du représenté ;
  - le représentant doit être le plus proche en degré du représenté.

Exemple

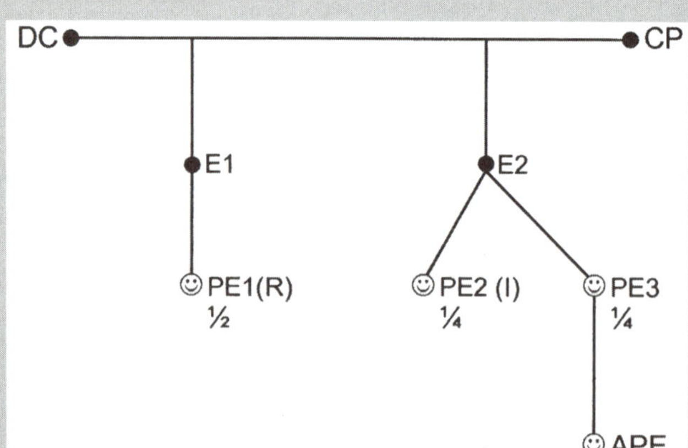

Légende du schéma : DC : de cujus ; CP : conjoint prédécédé ; E : enfant ; PE : petit-enfant ; APE : arrière-petit-enfant ; R : renonçant ; I : indigne

Si les deux enfants (E1 et E2) avaient été vivants, ils auraient reçu chacun la moitié de la succession. Le petit-enfant 1 a renoncé à la succession de son père (E1), ce qui ne l'empêche pas de représenter celui-ci à la succession duquel il a renoncé. En effet, renoncer à la succession d'une personne n'empêche pas de la représenter (art. 754, al. 2, C. civ.). Il peut donc recevoir la moitié de la succession qu'aurait reçue son père (E1) s'il avait été vivant. Le premier enfant de l'enfant 2 (PE2) est indigne de succéder à son père (E2) : peu importe puisque ses rapports avec le *de cujus* ne sont pas en cause. Il peut, tout comme le petit-enfant 3, représenter son père et partager avec le petit-enfant 3 la moitié de la succession soit 1/4 chacun. L'enfant du petit-enfant 3 (APE) ne reçoit rien dans la mesure où il est plus éloigné en degré.

d) Les effets de la représentation

La représentation substitue l'égalité des souches à l'égalité des individus. La représentation ***déroge ainsi à la règle de la priorité du degré*** et permet au représentant de se prévaloir du rang de son auteur. Le partage s'effectue par souches (il y a autant de parts qu'il y a de têtes dans le degré le plus proche à succéder) et non par têtes. Il se fait ensuite par branche, par rameau, etc., puisque la représentation joue à l'infini (art. 743, C. civ.).

Dans le cas particulier d'une ***renonciation***, la part du renonçant échoit à ses représentants ou à défaut à ses cohéritiers. S'il est seul, sa part est dévolue au degré subséquent (art. 805, al. 2, C. civ.). Cependant, l'article 754, alinéa 2 du Code civil oblige les enfants qui ont représenté le renonçant à rapporter à la succession de ce dernier les biens dont ils ont hérité en son lieu et place, s'ils viennent en concours avec d'autres enfants conçus après l'ouverture de la succession dont le renonçant a été exclu.

- En cas de successibles dans une seule ligne

Exemple

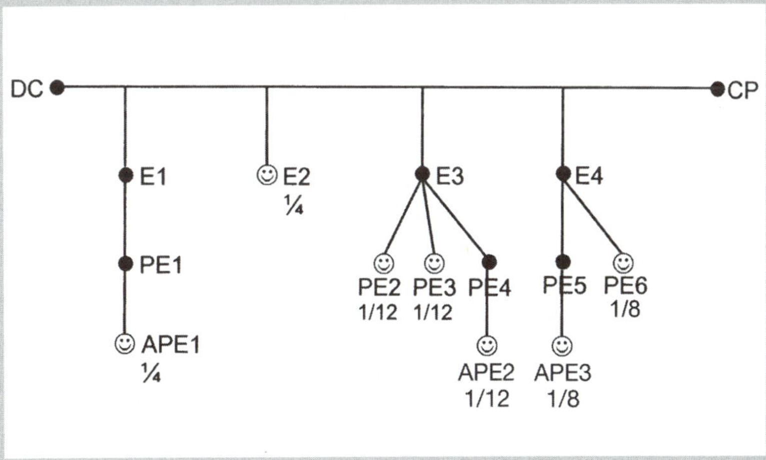

Légende du schéma : DC : de cujus ; CP : conjoint prédécédé ; E : enfant ; PE : petit-enfant ; APE : arrière-petit-enfant.

Le partage se fait par souche. Il y a 4 souches (4 enfants) soit 1/4 de la succession par souche. Il s'agit ensuite de faire la répartition à l'intérieur de chaque souche :

– dans la souche de l'enfant 1, il ne reste que l'arrière-petit-enfant 1 qui vient en représentation de ses ascendants : il reçoit 1/4 de la succession ;

– la deuxième souche ne comprend que le deuxième enfant du *de cujus* qui reçoit également 1/4 de la succession ;

– dans la troisième souche, l'enfant 3 a eu 3 enfants qui auraient dû se partager la succession soit 1/12e chacun (1/4 ÷ 3). Le petit-enfant 2 et le petit-enfant 3 reçoivent effectivement 1/12e et le mécanisme de la représentation permet à l'arrière-petit-enfant 2 de recevoir la part qui revenait à son père ou à sa mère (PE4) soit 1/12e ;

– dans la quatrième souche, l'enfant 4 a eu 2 enfants qui auraient dû se partager 1/4, soit 1/8e chacun. La part qui revenait au PE5, qui est décédé, revient par le mécanisme de la représentation à l'arrière-petit-fils 3 qui reçoit donc 1/8e de la succession.

• En cas de successibles dans les deux lignes

Exemple

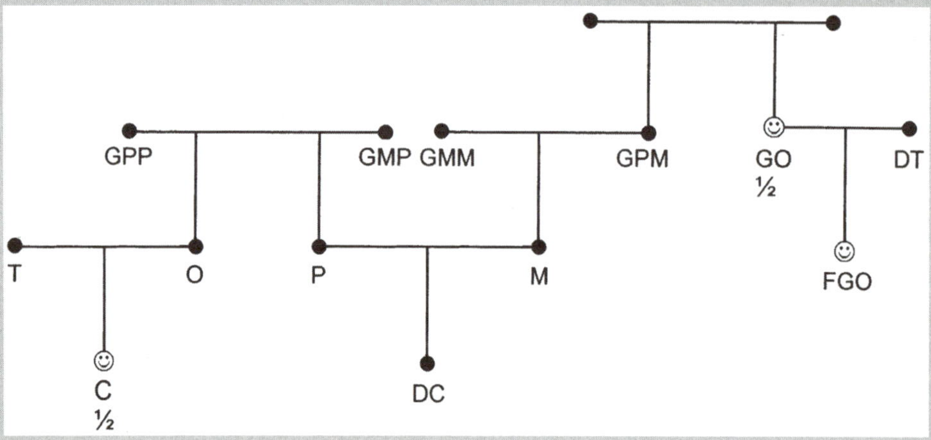

Légende du schéma : DC : de cujus ; C : cousin ; T : tante ; O : oncle ; P : père ; M : mère ; GPP : grand-père paternel ; GMP : grand-mère paternelle ; GMM : grand-mère maternelle ; GPM : grand-père maternel ; GO : grand-oncle ; GT : FGO : fils du grand-oncle.

Il y a 3 successibles possibles : le cousin, parent au 4e degré, le grand-oncle, parent au 4e degré également et le fils du grand-oncle, parent du *de cujus* au 5e degré. On applique le principe de la fente (cf. *supra*) en attribuant la moitié de la succession à la branche maternelle et la moitié à la branche paternelle :

– le cousin hérite de la part attribuée à la ligne paternelle, soit ½. Le cousin vient en représentation de son père, oncle du *de cujus*, qui vient lui-même en représentation de ses parents ;

– dans la ligne maternelle, le plus proche en degré prime celui qui est plus éloigné : le grand-oncle hérite de la moitié de la succession et exclut son fils. Le grand-oncle vient en représentation de ses parents.

e) *L'aspect fiscal de la représentation*

Le taux d'imposition applicable aux biens reçus par l'héritier qui bénéficie de la représentation est celui qui résulte de la parenté entre le *de cujus* et le représentant.

C - L'égalité des lignes : le principe de la division par branche

Dans l'Ancien Droit, dans les pays de droit écrit, il n'était pas tenu compte de l'origine ou de la nature des biens lors de la dévolution successorale en application du principe de l'unité de la succession. Au contraire, dans les pays de coutume, lorsque le *de cujus* ne laissait pas de descendants, il était alors procédé à une division de ses biens propres fondée sur leur origine familiale. Les biens retournaient alors dans le groupe dont ils étaient venus *(paterna paternis materna maternis)*. Cette division se faisait pour certains biens et a été étendue par les rédacteurs du Code civil quant à son application et quant à son assiette puisqu'elle est désormais appliquée à la totalité de la succession. Il s'agit de la ***fente successorale***.

La fente dite particulière a disparu en 2001 du Code civil dans un but de simplification. Il s'agissait en effet d'une règle qui amenait de nombreuses complications dans la détermination des parts respectives des héritiers.

1) Le principe de la fente de droit commun

La fente divise la succession en deux parts, une pour l'héritier de la famille paternelle et une pour l'héritier de la famille maternelle (art. 746 et s., C. civ.). Elle constitue une dérogation au principe du classement des héritiers par degré à l'intérieur d'un ordre. À l'intérieur d'une famille, il est interdit de procéder à une refente.

La fente de droit commun ne s'applique qu'aux ascendants (art. 747 et 748, C. civ.) et aux collatéraux ordinaires (art. 749 et 750, C. civ.) ; elle est exclue pour les descendants (pas de dualité de lignes) ou les collatéraux privilégiés.

L'application de la fente permet de faire un partage égal de la succession entre la ligne paternelle et la ligne maternelle. À l'intérieur de chaque ligne, le plus proche en degré exclut les autres (art. 748, al. 1er, C. civ.). Ceux qui sont du même degré se partagent la part dévolue à leur ligne c'est-à-dire qu'ils succèdent par tête (art. 748, al. 2, C. civ.).

Exemple

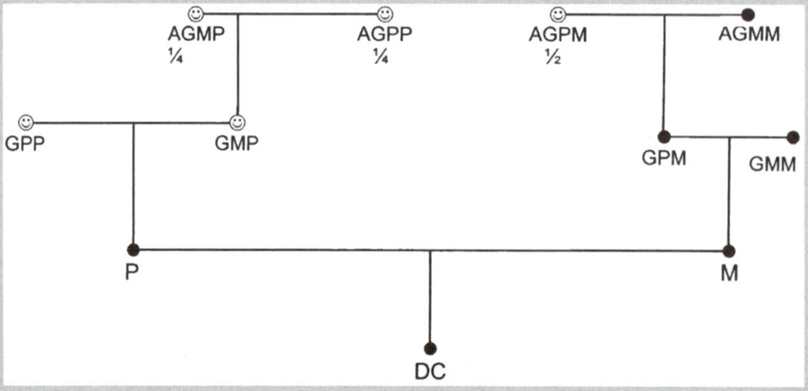

Légende du schéma : DC : de cujus ; P : père ; M : mère ; GPP : grand-père paternel ; GMP : grand-mère paternelle ; GMM : grand-mère maternelle ; GPM : grand-père maternel ; AGMP : arrière-grand-mère paternelle ; AGPP : arrière-grand-père paternel ; AGPM : arrière-grand-père maternel ; AGMM : arrière-grand-mère maternelle.

Le grand-père paternel et la grand-mère paternelle se partagent la part attribuée à la ligne paternelle et reçoivent par conséquent un quart chacun. Les arrière-grands-parents paternels sont exclus parce qu'ils sont plus éloignés en degré.

L'arrière-grand-père maternel reçoit la totalité de la part dévolue à la ligne maternelle, soit l'autre moitié de la succession.

L'objectif de la fente est de permettre l'égalité entre les lignes. La fente telle qu'elle existait autrefois avait pour but essentiel la conservation des biens dans une famille.
La fente n'a aucun caractère d'ordre public : le *de cujus* peut éviter l'application du mécanisme de la fente par le recours à des libéralités.

L'article 368-1 prévoit également une hypothèse de fente lorsque le *de cujus* avait fait l'objet d'une ***adoption simple*** et est décédé sans postérité ni conjoint survivant (cf. *infra*).

2) Les exceptions à la fente de droit commun

Il existait avant la loi du 3 décembre 2001 deux exceptions au mécanisme de la fente (art. 752 et 753 anciens, C. civ.) ; elles subsistent avec des formulations différentes :

- *lorsqu'il y avait d'un côté un frère ou une sœur utérin et de l'autre des collatéraux ordinaires,* la fente n'était pas appliquée. La succession était entièrement dévolue au frère et à la sœur utérins, de même s'il y avait d'un côté des collatéraux et de l'autre une sœur ou un frère consanguin. Désormais, il n'est plus fait de distinction entre les frères et sœurs germains, utérins ou consanguins[1] : l'article 750, alinéa 3 du Code civil dispose qu'« *À défaut de collatéral dans une branche, les collatéraux de l'autre branche recueillent toute la succession* ». La règle ne change pas mais est simplifiée.

1. Cf. *infra* paragraphe suivant.

Exemple

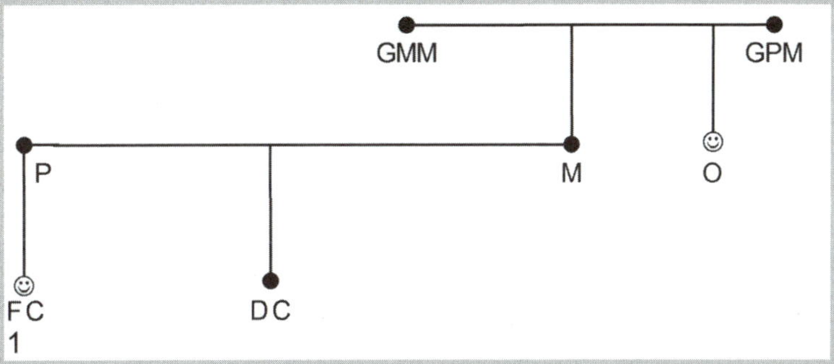

Légende du schéma : DC : de cujus ; P : père ; M : mère ; FC : frère consanguin ; GMM : grand-mère maternelle ; GPM : grand-père maternel.

La totalité de la succession est dévolue au frère consanguin puisque le seul autre successible possible est un collatéral ordinaire dans l'autre ligne.

– *si le* de cujus *laisse dans une ligne des collatéraux ordinaires et dans une autre un ascendant,* la fente est exclue et toute la succession est dévolue à l'ascendant (art. 748, al. 3, C. civ.).

Exemple

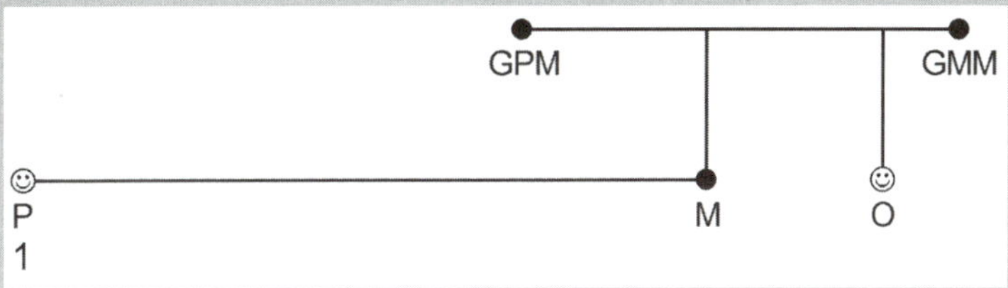

Légende du schéma : DC : de cujus ; P : père ; M : mère ; FC : frère consanguin ; GMM : grand-mère maternelle ; GPM : grand-père maternel.

La succession est entièrement dévolue au père dans la mesure où le seul autre successible possible est un ascendant ordinaire (oncle).

BIBLIOGRAPHIE

BERRY-BERTIN (E.), « La représentation du renonçant, quelle représentation et quelle renonciation ? », *RLDC* 2006/33, 2330 et 2007/2373.

BERTRAND-MIRKOVIC (A.), « La représentation de l'héritier renonçant », *Dr. Famille* 2006, décembre, n° 12, études, p. 24 à 31.

GAUDEMET (S.), « La représentation successorale au lendemain de la loi du 23 juin 2006 », *Defrénois* 2006, art. 38447.

GRIMALDI (M.), « La représentation de l'héritier renonçant », *Defrénois* 2008, n° 1, p. 25.

MECHRI (F.), *La signification juridique du sentiment d'affection dans le droit des rapports familiaux,* Thèse Paris II, 1973.

CHAPITRE 4

L'ouverture de la succession

La succession s'ouvre par le décès. La date de celui-ci peut être parfois difficile à déterminer. La succession s'ouvre au lieu du dernier domicile du défunt.

1 • LES CAUSES D'OUVERTURE DE LA SUCCESSION

L'article 720 du Code civil dispose que « *Les successions s'ouvrent par la mort, au dernier domicile du défunt* ». Les références à la mort civile qui existaient dans l'ancien article 718 ont disparu : « *Les successions s'ouvrent par la mort naturelle et par la mort civile* », quelle que soit la cause du décès (ancien art. 718, C. civ.).

L'ouverture de la succession est subordonnée à l'établissement d'un acte de décès. Celui-ci est dressé par l'officier d'état civil.

Le jugement d'***absence*** a les mêmes effets que le décès dès sa transcription (art. 128, al. 1er, C. civ.).

Si l'absent réapparaît, il recouvre les biens qu'il avait avant son départ, les biens recueillis par représentation pendant son absence et obtient le prix des biens aliénés et des biens acquis en remploi des sommes qu'il possédait avant son départ (art. 130, C. civ.).

La ***disparition*** a les mêmes effets que le décès dès lors qu'elle a été judiciairement déclarée (art. 88, al. 1er, C. civ.). Dès qu'il y a transcription du jugement déclaratif de décès à l'état civil, la personne concernée est considérée comme décédée. Les effets du retour sont les mêmes qu'en cas d'absence (art. 92, al. 2, C. civ.).

2 • LA DATE D'OUVERTURE DE LA SUCCESSION

L'acte de décès indique le jour, l'heure et le lieu du décès (art. 78, C. civ.). La succession, s'ouvre au moment même de la mort du défunt[1]. Dans certains cas, plusieurs personnes

1. La loi du 15 mai 1985 a posé la présomption selon laquelle le décès des personnes mortes en déportation est présumé survenu le 5e jour suivant le départ du convoi.

susceptibles d'être héritières l'une de l'autre peuvent décéder dans un même événement. Dans cette hypothèse, la théorie dite des comourants a longtemps été appliquée avant d'être exclue par la loi du 3 décembre 2001.

A - La date du décès

Le constat de la mort est fait par le médecin (art. L. 1232-4, C. santé publ.). Généralement, la cessation de la vie végétative avec notamment un arrêt des fonctions circulatoires et respiratoires, permet de diagnostiquer le décès. La situation n'est pas toujours aussi simple. Le passage de la vie à la mort n'est parfois pas aussi net.

La conception du moment de la mort a évolué. Pendant longtemps, on a considéré que la mort se caractérisait par l'arrêt du cœur et de la circulation. Une circulaire du 24 avril 1968[2], théoriquement dépourvue de portée juridique, relative aux prélèvements et autopsies a longtemps constitué la référence en matière de constat du décès : « *Ce constat sera basé sur l'existence de preuves concordantes de l'irréversibilité des lésions incompatibles avec la vie. Il s'appuiera notamment sur le caractère destructeur et irrémédiable des altérations du système nerveux central dans son ensemble* ». Ce texte optait pour le critère de la ***mort cérébrale***, de même qu'une circulaire *Jeanneney* du 3 avril 1978, afin de faciliter les greffes de cœur. Désormais, le décret n° 2005-949 du 2 août 2005 (art. R. 1232-1 et s., C. santé publ.) prévoit que lorsqu'une personne présente un arrêt cardiaque et respiratoire persistant, le constat de la mort est subordonné à la présence de trois éléments :

- l'« *Absence totale de conscience et d'activité motrice constatée* » ;
- l'« *Abolition de tous les réflexes du tronc cérébral* » ;
- l'« *Absence totale de ventilation spontanée* ».

En outre, le caractère irréversible de la destruction encéphalique doit être établi au moyen soit de deux électroencéphalogrammes nuls et aréactifs effectués à un intervalle minimal de quatre heures, réalisés avec amplification maximale sur une durée d'enregistrement de trente minutes et dont le résultat est immédiatement consigné par le médecin qui en fait l'interprétation, soit d'une angiographie objectivant l'arrêt de la circulation encéphalique et dont le résultat est immédiatement consigné par le radiologue qui en fait l'interprétation (art. R. 1232-2, C. santé publ.).

À défaut de toute autre indication, le décès est réputé s'être produit le jour où il a été constaté par l'officier d'état civil. Il s'agit d'une présomption qui peut être contredite par la preuve du moment précis du décès.

B - Le décès concomitant de plusieurs héritiers

Dans certains cas, il peut être difficile de déterminer l'ordre dans lequel sont décédées des personnes appelées à la succession les unes des autres, parce qu'elles sont décédées presque toutes en même temps, par exemple lors d'un accident de voiture ou d'un attentat.

---

2. Circulaire n° 67 du ministère de la Santé.

Avant la loi du 3 décembre 2001, il existait des règles particulières connues sous le nom de « *théorie des comourants* » (art. 720 à 722 ancien, C. civ.). Cette théorie trouvait son application lorsque plusieurs personnes décédaient au cours d'un même événement. Il pouvait s'agir d'un accident, d'un incendie, d'une catastrophe naturelle, d'un bombardement, etc. Il était alors important de connaître l'ordre des décès. La théorie des comourants avait fait l'objet de critiques importantes tant de la part de la doctrine, de la pratique notariale que du pouvoir judiciaire. Depuis le 1er juillet 2002, cette théorie n'est plus applicable.

La loi du 3 décembre 2001 a écarté les présomptions de survie découlant de la théorie des comourants et pose que, dans le cas où l'ordre des décès ne serait pas établi (la preuve de l'ordre des décès peut être établie par tous moyens), ***la succession de chaque individu est dévolue sans tenir compte de l'autre*** : « *Lorsque deux personnes, dont l'une avait vocation à succéder à l'autre, périssent dans un même événement, l'ordre des décès est établi par tous moyens. Si cet ordre ne peut être déterminé, la succession de chacune d'elles est dévolue sans que l'autre y soit appelée* » (art. 725-1, C. civ.). Si l'on s'en tient à la lettre du texte, il suffit que l'un soit héritier de l'autre, il n'est pas exigé que cette vocation successorale soit réciproque.

Dans son 3e alinéa, l'article 725-1 du Code civil prévoit une exception à la règle introduite par la loi du 3 décembre 2001 : « *Toutefois, si l'un des codécédés laisse des descendants ceux-ci peuvent représenter leur auteur dans la succession de l'autre, lorsque la représentation est admise* ». Par conséquent, le représenté est présumé décédé en premier.

C - L'intérêt de la fixation de la date du décès

La date du décès permet de déterminer :
- la date d'ouverture de la succession ;
- la loi applicable à la succession qui est celle en vigueur lors du décès ;
- à quel moment doit être vérifiée la capacité successorale de l'héritier ;
- la date à laquelle remontera l'effet déclaratif du partage : en effet, se produit à cette date l'effet translatif de la succession c'est-à-dire que les droits du *de cujus* sont transmis à ce moment-là. L'indivision naît également à la date du décès.

3 • LE LIEU D'OUVERTURE DE LA SUCCESSION

L'article 720 du Code civil dispose que « *Les successions s'ouvrent par la mort, au dernier domicile du défunt* ». Il ne s'agit pas forcément du lieu du décès.

A - La détermination du domicile

Selon l'article 102 du Code civil, le domicile de tout français est au lieu où il a son ***principal établissement***. Il appartient à chacun de fixer librement le centre de ses affaires mais la volonté de fixer son domicile en un certain lieu ne suffit pas. Il faut pouvoir caractériser objectivement le principal établissement c'est-à-dire qu'il faut à la fois un élément intentionnel et un élément matériel. Ces deux éléments servent à définir le domicile mais c'est une question de fait que les tribunaux apprécient souverainement en cas de contestation. Le titre juridique selon lequel un individu occupe un lieu n'intervient pas dans la définition du domicile. Pour déterminer le lieu du principal établissement, les juges peuvent tenir compte de différents critères : résidence habituelle de la personne, siège des intérêts familiaux, siège des intérêts pécuniaires, lieu d'exercice de l'activité professionnelle principale... Certains tribunaux font prévaloir en cas de contradiction entre ces différents critères le lieu de résidence effective, d'autres le lieu d'exercice de l'activité professionnelle.

Ainsi, pour définir le dernier domicile du défunt, il faut tenir compte de la volonté du défunt donc d'éléments de fait, de probabilités fondées sur différents indices (exemple : achat d'une sépulture).

B - L'intérêt du lieu d'ouverture de la succession

La détermination du lieu d'ouverture de la succession a plusieurs intérêts :

- ***en droit international privé,*** la loi qui régit la succession mobilière est celle du lieu d'ouverture de la succession alors que le lieu de situation de l'immeuble régit la succession immobilière ;
- ***en droit judiciaire privé,*** sont portées devant le tribunal de grande instance du lieu du dernier domicile du défunt (art. 45, CPC), jusqu'au partage inclusivement : les demandes entre héritiers (indivision), les demandes formées par les créanciers du défunt ainsi que les demandes relatives à l'exécution des dispositions à cause de mort. L'article 841 du Code civil prévoit également dans ce sens que « *Le tribunal du lieu d'ouverture de la succession est exclusivement compétent pour connaître de l'action en partage et des contestations qui s'élèvent soit à l'occasion du maintien de l'indivision soit au cours des opérations de partage. Il ordonne les licitations et statue sur les demandes relatives à la garantie des lots entre les copartageants et sur celles en nullité de partage ou en complément de part* ». Le tribunal de grande instance du lieu du dernier domicile du défunt est également compétent pour les actes tels que la renonciation à la succession (art. 804, al. 2, C. civ.) ou l'acceptation de la succession à concurrence de l'actif net (art. 788, al. 1er, C. civ.) par exemple.

Pour aller plus loin

Le règlement (UE) n° 650/2012 du Parlement européen et du Conseil du 4 juillet 2012 relatif à la compétence, la loi applicable, la reconnaissance et l'exécution des décisions et l'acceptation et l'exécution des actes authentiques en matière de successions et à la création d'un certificat successoral européen (entrée en vigueur le 17 mai 2015)

Ce règlement désigne le lieu de résidence habituel du défunt comme critère principal pour déterminer la loi applicable à la succession. En cas de succession transfrontière à l'intérieur de l'Union européenne c'est-à-dire lorsque le défunt possède des biens dans un autre pays membre que celui de sa résidence habituelle, une seule loi sera applicable à l'ensemble de la succession : il s'agira de la loi du pays de résidence habituelle de la personne décédée. Cependant, il sera possible de désigner à l'avance la loi d'un État dont on détient la nationalité.

Un certificat successoral européen permettra à l'héritier ou au légataire de faire valoir son statut dans tous les États membres de l'Union européenne.

Si les biens du *de cujus* sont situés ***à la fois en France et à l'étranger***, la loi française s'applique aux biens mobiliers alors que la loi du lieu de situation s'applique aux biens immobiliers.

En cas d'***absence***, le lieu d'ouverture de la succession est le lieu du dernier domicile où l'individu a cessé de paraître (art. 112, C. civ.).

BIBLIOGRAPHIE

COPART (I.), « Les difficultés liées à la constatation des décès après la loi n° 2001-1135 du 3 décembre 2001 », *JCP* N, 2002, I, n° 1483, p. 1209.

CHAPITRE 5

Les conditions nécessaires pour succéder

Les conditions nécessaires pour succéder tiennent d'une part à l'existence de la personne de l'héritier et d'autre part à l'absence d'indignité.

1 • L'EXISTENCE DE L'HÉRITIER

Ne peuvent succéder celui qui n'est pas encore conçu et l'enfant qui n'est pas né viable. L'article 725, alinéa 1er du Code civil, tel qu'il découle de la loi du 3 décembre 2001, dispose que « *Pour succéder, il faut exister à l'instant de l'ouverture de la succession ou, ayant déjà été conçu, naître viable* ». Cette condition s'apprécie au moment de l'ouverture de la succession c'est-à-dire à l'instant du décès du *de cujus.* Ce texte énonce la liste de ceux qui peuvent succéder.

A - L'enfant conçu

Pour avoir la personnalité juridique, il faut être né. Cependant, l'enfant conçu est réputé né chaque fois que son intérêt me réclame : *Infans conceptus pro habetur quoties de commodis ejus agitur.*

La jurisprudence applique pour les successions la présomption de la période légale de conception. L'article 311 du Code civil pose la présomption selon laquelle un enfant est conçu pendant la période comprise entre le 300e et le 180e jour, inclusivement, avant la date de la naissance (art. 311, al. 1, C. civ.). La date de la conception sera fixée à un moment quelconque de cette période « *suivant ce qui est demandé par l'intérêt de l'enfant* » (art. 311, al. 2, C. civ.).

Il est possible d'apporter une preuve contraire à ces présomptions (art. 311, al. 3, C. civ.) c'est-à-dire que la grossesse a duré soit moins de 180 jours, soit plus de 300 jours.

Les preuves seront essentiellement de nature médicale (enfant prématuré, postmaturé...).

B - La naissance

Sont exclus de la succession les ***enfants mort-nés*** et ***non viables*** car ils n'ont pas eu d'existence juridique. En l'absence de précision des textes, la notion de viabilité a été définie par la jurisprudence. La preuve de l'absence de viabilité peut être apportée par tous moyens par celui qui conteste la personnalité de l'enfant.

La viabilité est la capacité naturelle de vivre : tout enfant né vivant est donc présumé viable même s'il n'a vécu que quelques secondes mais la preuve contraire est possible.

Tout enfant qui naît dépourvu d'un organe essentiel à la vie n'est pas viable, de même que l'enfant né avec une malformation congénitale qui conduira inévitablement à son décès.

Le point sur

L'acte d'enfant sans vie

L'article 79-1, alinéa 1er du Code civil permet d'établir, pour un enfant né vivant et viable mais décédé avant sa déclaration à l'état civil, un acte de naissance et un acte de décès. Jusqu'en 2008, lorsque l'enfant ne répondait pas à cette condition de viabilité, l'officier d'état civil dressait un ***acte d'enfant sans vie*** (art. 79-1, al. 2, ancien C. civ.), à condition, selon une ***circulaire du 30 novembre 2001***, que l'enfant soit né mort après un terme de 22 semaines d'aménorrhée ou qu'il ait atteint un poids de 500 grammes. La ***Cour de cassation*** a rendu le ***6 février 2008***, trois arrêts[1] précisant que « *l'article 79-1, alinéa 2, du Code civil ne subordonne l'établissement d'un acte d'enfant sans vie ni au poids du fœtus, ni à la durée de la grossesse* ». Un ***décret du 20 août 2008*** a finalement permis l'élaboration d'un acte d'enfant sans vie et la mention de celui-ci sur les actes de l'état civil sur présentation d'un certificat médical indiquant la date, l'heure et le lieu de l'accouchement spontané ou provoqué pour raison médicale. Une ***circulaire du 19 juin 2009*** a introduit à nouveau un seuil de quinze semaines d'aménorrhée en deçà duquel le certificat d'accouchement permettant l'établissement d'un acte d'enfant sans vie ne peut être établi. Cette circulaire précise également qu'un prénom peut être donné à l'enfant si les parents le souhaitent mais aucun nom de famille ni lien de filiation ne peuvent être établis car ils constituent des attributs de la personnalité juridique or « *celle-ci résulte du fait d'être né vivant et viable et ne peut en conséquence être conférée à l'enfant sans vie* ».

C - L'absence

Le présumé absent peut succéder puisqu'il est réputé vivant (art. 725, al. 2, C. civ.). En revanche, le jugement déclaratif d'absence prive l'absent de la capacité de succéder dans la mesure où il est considéré comme décédé. Le jugement déclaratif d'absence n'étant pas rétroactif, les biens dont l'absent a hérité pendant la période de présomption d'absence seront inclus dans sa succession.

---

1. Civ. 1re, 6 février 2008, *D.* 2008, chron. p. 638, par P. Chauvin, *JCP* 2008, II, 10045, *RTD civ.* 2008, p. 268, obs. J. Hauser.

D - La succession des étrangers

Dans l'Ancien Droit, les étrangers, c'est-à-dire les aubins, sont frappés d'une incapacité à transmettre à cause de mort appelée « droit d'aubaine ». Ce droit a été supprimé à la Révolution sous l'impulsion des philosophes du XVIIIe siècle.

L'exemple de la France n'ayant pas été suivi à l'étranger, lors de la rédaction du Code civil, une forme de droit d'aubaine a été rétabli : « *Un étranger n'est admis à succéder aux biens que son parent, étranger ou français, possède dans le territoire de la République, que dans les cas et de la manière dont un Français succède à son parent possédant des biens dans le pays de cet étranger, conformément aux dispositions de l'article 11, au titre de la jouissance et de la privation des droits civils* » (art. 726, C. civ.).

La loi du 14 juillet 1819 l'a supprimé à nouveau mais elle prévoit le cas particulier des Français appelés à hériter à l'étranger : « *en cas de partage d'une même succession entre des cohéritiers étrangers et français, ceux-ci prélèveront sur les biens situés en France une portion égale à la valeur des biens situés en pays étranger dont ils seraient exclus, à quelque titre que ce soit, en vertu des lois et coutumes locales* ».

2 • L'ABSENCE D'INDIGNITÉ

L'héritier indigne est déchu du droit à hériter. Cette indignité touche seulement la succession *ab intestat* ; elle ne joue pas pour la succession testamentaire. Selon une doctrine majoritaire, il s'agit d'une peine privée. La jurisprudence admet également cette théorie. Certains auteurs la considèrent néanmoins comme une incapacité de jouissance qui interviendrait à titre de sanction Désormais, par l'effet des dispositions de la loi du 3 décembre 2001, l'indignité n'est plus indépendante de la volonté du *de cujus*. En effet, celui-ci peut l'écarter.

A - Les cas d'indignité

Jusqu'à la loi du 3 décembre 2001, il existait trois cas d'indignité qui frappaient :

- celui qui était condamné pour avoir donné ou tenté de donner la mort au défunt ;
- celui qui avait porté contre le défunt une accusation capitale jugée calomnieuse ;
- l'héritier majeur instruit du meurtre du défunt qui ne l'avait pas déclaré en justice.

Cette indignité s'opérait de plein droit, automatiquement car elle découlait de la loi et non pas d'une décision de justice.

Il convient désormais de distinguer les hypothèses dans lesquelles l'indignité est automatique et celles dans laquelle elle est facultative. La loi du 3 décembre 2001 a repris ou écarté les principes que la jurisprudence avait pu énoncer auparavant quant aux cas d'indignité automatique.

1) Les cas d'indignité automatique

L'article 726 du Code civil dispose désormais que « *Sont indignes de succéder, et comme tels, exclus de la succession :*

1° Celui qui est condamné, comme auteur ou complice, à une peine criminelle pour avoir volontairement donné ou tenté de donner la mort au défunt ;

2° Celui qui est condamné, comme auteur ou complice, à une peine criminelle pour avoir volontairement porté des coups ou commis des violences ou voies de fait ayant entraîné la mort du défunt sans intention de la donner ».

Ce cas se rapproche de la première hypothèse énoncée à l'ancien article 727 du Code civil qui frappait d'indignité ceux qui avaient été condamnés pour avoir donné ou tenté de donner la mort au défunt.

L'article 726-1° limite l'indignité automatique à l'hypothèse de la condamnation à une peine criminelle. La condamnation à une peine correctionnelle n'entraîne qu'une indignité facultative (cf. *infra*).

Le texte de 2001 étend l'indignité automatique à ***l'homicide*** praeterintentionnel (coups et blessures ayant entraîné la mort sans intention de la donner). Avant la loi du 3 décembre 2001, l'article 727-1° du Code civil recouvrait les condamnations pour meurtre ou tentative de meurtre (art. 221-1 et s., C. pén.) auxquels il convenait d'assimiler l'assassinat et l'empoisonnement. La jurisprudence et la doctrine considéraient qu'il devait exister une intention homicide ce qui excluait par conséquent l'homicide *praeterintentionnel*[2].

Point Jurisprudence

L'enfant parricide déclaré irresponsable peut prétendre à la succession de ses parents

Un individu avait mortellement poignardé ses deux parents puis avait fait l'objet d'un non-lieu, « *les experts psychiatres ayant conclu que l'infraction était directement en relation avec la pathologie psychiatrique affectant l'auteur des faits, laquelle abolissait totalement son discernement et le contrôle de ses actes* ». Son frère soutenait qu'il devait être frappé d'indignité successorale et n'avait donc aucun droit dans la succession de leurs parents.

La Cour de cassation approuve la cour d'appel : « *ayant exactement relevé que l'indignité successorale suppose l'intention coupable, que la loi exige en posant comme condition à son prononcé que l'auteur du geste homicide ait été condamné à une peine criminelle ou correctionnelle et constaté qu'un non-lieu à poursuivre M. Richard X. est intervenu sur le fondement de l'article 122-1 du code pénal en raison de l'abolissement total de son discernement et du contrôle de ses actes, c'est sans violer les dispositions de la Convention précitée et du premier protocole additionnel à celle-ci, invoquées par le moyen, que la cour d'appel a refusé d'appliquer à l'intéressé la sanction de l'indignité successorale* ».

Civ. 1re, 28 mars 2012, n° 11-10393.

2) Les cas d'indignité facultative

L'article 727 du Code civil dispose désormais que « *Peuvent être déclarés indignes de succéder :*

1° Celui qui est condamné, comme auteur ou complice, à une peine correctionnelle pour avoir volontairement donné ou tenté de donner la mort au défunt ;

2° Celui qui est condamné, comme auteur ou complice, à une peine correctionnelle pour avoir volontairement commis des violences ayant entraîné la mort sans intention de la donner ;

2. Paris, 28 mai 1937, *DH*, 1937, p. 384 ; T. Civ. Aix, 31 janvier 1950, *D.*, 1950, Jur., p. 222, *S.*, 1950, 2, p. 88, *RTD civ.*, 1950, p. 207, obs. R. Savatier.

3° Celui qui est condamné pour témoignage mensonger porté contre le défunt dans une procédure criminelle ;

4° Celui qui est condamné pour s'être volontairement abstenu d'empêcher soit un crime, soit un délit contre l'intégrité corporelle du défunt d'où il est résulté la mort, alors qu'il pouvait le faire sans risque pour lui ou pour les tiers ;

5° Celui qui est condamné pour dénonciation calomnieuse contre le défunt lorsque, pour les faits dénoncés, une peine criminelle était encourue ».

Ce texte rend l'indignité facultative dans deux séries d'hypothèses :

- lorsqu'une peine correctionnelle sanctionne le fait d'avoir volontairement donné ou tenté de donner la mort au défunt ;
- lorsqu'une peine correctionnelle – et non pas criminelle – sanctionne le fait d'avoir volontairement commis des violences ayant entraîné la mort sans intention de la donner.

Pour aller plus loin

Quelques éléments de comparaison entre l'ancien et le nouvel article 727 du Code civil

- la ***condamnation pour accusation capitale jugée calomnieuse*** est devenue la condamnation pour dénonciation calomnieuse contre le défunt lorsque, pour les faits dénoncés, une peine criminelle était encourue. Dans l'ancien comme dans le nouveau texte, l'héritier doit avoir été condamné pour une dénonciation ou accusation calomnieuse. Alors que dans l'ancien texte, la dénonciation devait concerner un crime passible de la peine de mort, elle doit désormais porter sur un crime passible d'une peine criminelle. Entre l'abolition de la peine de mort en 1981 et la loi du 3 décembre 2001, la question se posait de la persistance de ce cas d'indignité dans la mesure où la peine de mort n'existait plus. Le législateur a choisi de le laisser perdurer en l'actualisant. Il l'a même élargi en quelque sorte en frappant également d'indignité celui qui est condamné pour témoignage mensonger porté contre le défunt dans une procédure criminelle (art. 727-3°, C. civ.) ;
- l'absence de dénonciation à la justice du meurtre du défunt est abandonnée au profit d'une formulation très différente puisqu'est désormais frappé d'indignité « celui qui est condamné pour s'être volontairement abstenu d'empêcher soit un crime, soit un délit contre l'intégrité corporelle du défunt, alors qu'il pouvait le faire sans risque pour lui ou pour les tiers ». Avant la loi du 3 décembre 2001, l'héritier n'était pas tenu de dénoncer le meurtrier mais le meurtre. Il s'agit désormais d'empêcher de succéder celui qui aurait pu empêcher la mort du de cujus. Il convient de préciser qu'avant la loi du 3 décembre 2001, il existait deux restrictions à l'application de l'article 727-3° : d'une part, ce texte ne visait que l'héritier majeur qui était réputé seul avoir conscience de son devoir de dénoncer le crime ; d'autre part l'article 728 prévoyait que « Le défaut de dénonciation ne peut être opposé aux ascendants et descendants du meurtrier, ni à ses alliés au même degré, ni à son époux ou à son épouse, ni à ses frères ou sœurs, ni à ses oncles et tantes, ni à ses neveux et nièces ». Ces deux restrictions ont disparu. Néanmoins, celle qui est relative à la majorité de l'héritier peut perdurer dans une certaine mesure puisqu'il sera tenu compte de la possibilité d'empêcher le crime « sans risque » ;
- enfin, l'article 727 du Code civil prévoit désormais *in fine* que *« Peuvent également être déclarés indignes de succéder ceux qui ont commis les actes mentionnés aux 1° et 2° à l'égard desquels, en raison de leurs décès, l'action publique n'a pu être exercée ou s'est éteinte ».* Cette disposition remet en cause le principe posé par la jurisprudence selon

lequel ne peut être frappé d'indignité celui qui est décédé et contre lequel l'action publique s'est par conséquent trouvé éteinte, dès lors qu'il est établi qu'il a commis le meurtre ou les coups mortels qui ont conduit au décès du *de cujus*. En effet, la jurisprudence a toujours considéré que la condamnation devait être prononcée : ainsi, ne peuvent être frappés ***d'indignité ceux qui sont décédés et qui n'ont pu de ce fait être poursuivis***, ceux qui sont décédés en cours d'instance[3], ceux qui ont bénéficié d'une dispense ou d'un ajournement de peine (art. 132-58 et s., C. pén.) ou de la prescription de l'action publique. Une divergence existe entre les auteurs sur les effets de l'amnistie, certains considérant que l'amnistie intervenant postérieurement à la condamnation exclut l'indignité alors que d'autres pensent le contraire.

B - Les effets de l'indignité

L'indignité exclut l'indigne de la succession *ab intestat.*

Certains effets sont propres à l'indignité automatique, d'autres sont spécifiques à l'indignité facultative. Enfin, il existe des effets communs aux deux types d'indignité.

1) Les effets de l'indignité automatique

Avant la loi du 3 décembre 2001, l'indignité s'opérait de plein droit dans tous les cas. Désormais, elle n'est automatique que dans les cas prévus à l'article 726 du Code civil. Elle découle alors de la loi et non d'un jugement.

Les cohéritiers, les héritiers subséquents de l'indigne ainsi que les légataires peuvent seuls invoquer les cas d'indignité automatique. L'action en déclaration d'indignité relève de la compétence du tribunal de grande instance du lieu d'ouverture de la succession.

2) Les effets de l'indignité facultative

Dans les hypothèses où l'indignité est facultative, la déclaration d'indignité est prononcée après l'ouverture de la succession par le tribunal de grande instance (art. 727-1, C. civ.).

L'action en déclaration d'indignité peut être exercée par tout autre héritier ou à défaut, par le Ministère public. Elle doit être formée dans les six mois du décès si la décision de condamnation ou de déclaration de culpabilité est antérieure au décès, ou dans les six mois de cette décision si elle est postérieure au décès.

3) Les effets communs aux deux types d'indignité

a) Les principes

Avant la loi du 3 décembre 2001, il n'était pas possible pour le *de cujus* d'écarter l'indignité. Désormais, l'article 728 du Code civil donne la possibilité au défunt, postérieurement aux faits et à la connaissance qu'il en a eue, de maintenir les droits héréditaires de l'indigne ou de lui faire une libéralité universelle ou à titre universel. Le *de cujus* doit faire connaître sa volonté par une déclaration expresse de volonté en la forme

3. T. Civ. Montreuil-sur-Mer, 6 mars 1897, *DP*, 1897, 2, 184.

testamentaire. Cette volonté peut découler de ce que le défunt a fait à l'indigne une libéralité universelle ou à titre universel.

L'indigne ***perd rétroactivement la qualité d'héritier*** :

- l'obligation de restitution est très large : il est tenu de rendre tous les biens, fruits et revenus dont il a eu la jouissance depuis l'ouverture de la succession (art. 729, C. civ.) ;
- si l'indigne s'est acquitté des dettes du défunt, les nouveaux successibles doivent lui rembourser avec les intérêts ;
- les droits consentis aux tiers sont anéantis sous réserve de l'application de la théorie de l'apparence.

Si les biens ne retournent pas dans le véritable patrimoine, les vrais héritiers peuvent faire une action contre l'indigne (art. 730, C. civ.).

b) Les atténuations

Il existe plusieurs atténuations aux sanctions de l'indignité :

- l'indigne conserve ses droits dans toute autre succession ;
- l'indigne peut représenter dans une autre succession ouverte ultérieurement celui auquel il a été indigne de succéder ;
- les parents de l'indigne conservent leurs droits successoraux[4] ;
- les enfants de l'indigne peuvent désormais venir à la succession aussi bien par l'effet de la représentation (l'indigne est décédé) que de leur chef (l'indigne est encore vivant) : « *les enfants de l'indigne ne sont pas exclus par la faute de leur auteur* ». Ainsi, dans ce cas, l'indigne n'aura pas de droit de jouissance légale sur les biens recueillis par ses enfants (art. 729-1, C. civ.). Avant la loi du 3 décembre 2001, il était impossible de représenter un indigne : les enfants de l'indigne ne pouvaient donc venir à la succession de leur grand-parent par représentation, mais seulement de leur propre chef. Cependant, l'indigne n'étant déchu que de ses droits *ab intestat,* il pouvait et peut toujours percevoir les droits découlant de legs ou d'une institution contractuelle. Ainsi, la possibilité était donnée au *de cujus* de relever indirectement l'héritier de son indignité.

BIBLIOGRAPHIE

Acquaviva (C.), « La nouvelle définition de l'indignité successorale », *Gaz. Pal.* 2-3 octobre 2002, Doctr.

Daviaud (P.), « La nouvelle indignité successorale – Loi n° 2001-1135 du 3 décembre 2001 », *D.,* 2002, Chron. p. 1856.

Mémeteau (G.), « La situation juridique de l'enfant conçu – De la rigueur classique à l'exaltation baroque », *RTD civ.,* 1990, p. 611.

Philippe (C.), « La viabilité de l'enfant nouveau-né », *D.,* 1990, Chron. p. 29.

Vigneau (D.), *L'enfant à naître,* Thèse Toulouse, 1988.

4. Civ.1re, 18 décembre 1984, *Bull. civ.* I, n° 340, *Defrénois,* 1985, art. 33560, obs. G. Champenois, *Gaz. Pal.,* 1985, 2, Pan., 221, obs. G. Grimaldi

PARTIE 2

La dévolution successorale

La loi du 3 décembre 2001 ayant considérablement augmenté la vocation successorale du conjoint survivant, il est désormais nécessaire de distinguer entre les hypothèses où la dévolution successorale se fait en présence d'un conjoint survivant et les hypothèses où celle-ci se fait en son absence.

TITRE 1

La dévolution successorale légale en l'absence de conjoint survivant

En l'absence de conjoint survivant, les droits successoraux des descendants, des ascendants et des collatéraux sont prévus aux articles 733 et suivants du Code civil.

CHAPITRE 6

Les droits des descendants

En l'absence de conjoint survivant, les descendants sont les premiers à venir à la succession. Ils peuvent venir à la succession de leur propre chef ou par représentation.

Avant l'ordonnance du 4 juillet 2005, on distinguait différents types de filiations :

- la filiation était dite « légitime » lorsque les parents étaient unis par les liens du mariage ;
- la filiation était dite « naturelle » lorsque les parents n'étaient pas mariés. Parmi les enfants naturels, on distinguait les enfants naturels simples, dont les parents étaient tous deux célibataires lors de leur conception, les enfants naturels adultérins, dont l'un des parents ou bien même les deux étaient engagés dans les liens du mariage avec une autre personne lors de leur conception, et les enfants naturels incestueux dont les parents ne pouvaient se marier en raison d'un cas d'empêchement légal découlant d'un lien de parenté entre eux. L'enfant dit « adultérin » a longtemps subi une restriction de ses droits successoraux. La loi du 3 décembre 2001 a supprimé les discriminations qui touchaient l'« enfant naturel adultérin » en matière de successions et de libéralités (cf. *infra*).

Ces distinctions ont été supprimées par l'ordonnance du 4 juillet 2005 qui a consacré l'égalité des filiations. Il existe une limite pour la filiation incestueuse : lorsque la filiation est déjà établie à l'égard de l'un des parents, la loi interdit qu'elle le soit à l'égard de l'autre et l'enfant perd une partie de sa vocation successorale.

La filiation est « adoptive » lorsque le lien de filiation découle d'un jugement d'adoption. L'ordonnance de 2005 n'a apporté aucune modification sur ce point.

1 • L'ENFANT NON ADOPTÉ

Selon l'article 735 du Code civil « *Les enfants ou leurs descendants succèdent à leurs père et mère, ou autres ascendants, sans distinction de sexe, ni de primogéniture, même s'ils sont issus d'unions différentes* ».

A - Le principe d'égalité entre les descendants

Jusqu'à la loi du 3 décembre 2001, l'article 760 du Code civil prévoyait que « *Les enfants naturels dont le père ou la mère était, au temps de leur conception, engagé dans les liens d'un mariage d'où sont issus des enfants légitimes sont appelés à la succession de leur auteur en concours avec ces enfants mais chacun d'eux ne recevra que la moitié de la part à laquelle il aurait eu droit si tous les enfants du défunt, y compris eux-mêmes, eussent été légitimes* ». En abrogeant cette disposition discriminatoire, le législateur français se met en conformité avec la Convention européenne des droits de l'Homme après la condamnation de la France par la Cour européenne des droits de l'Homme dans un arrêt du 1er février 2000 pour « *discrimination dans le partage d'une succession* ». En effet, l'article 14 de la Convention interdit de traiter de manière différente, sauf justification objective et raisonnable, des personnes placées dans des situations comparables.

La ***doctrine*** a largement critiqué la restriction des droits de l'« enfant naturel adultérin » prévue par la loi, notamment sur le fondement des articles 8 et 14 de la Convention européenne des droits de l'Homme. En effet, l'article 8 protège le droit au respect de la vie familiale alors que l'article 14 assure la jouissance des droits et libertés prévus par la Convention « *sans distinction aucune, fondée notamment sur... la naissance ou toute autre situation* ».

La ***Cour de cassation*** n'avait pas entendu ces critiques, décidant que « *la vocation successorale est étrangère au respect de la vie privée et familiale dont le droit est reconnu par l'article 8 de la Convention et garanti sans distinction par l'article 14 de la dite convention* »[1].

Dans un arrêt du 1er février 2000 (***Mazurek***)[2], la ***Cour européenne des droits de l'Homme*** a condamné la France pour violation de l'article 14 de la Convention européenne des droits de l'Homme et de l'article 1er du Protocole, annexe n° 1 de la Convention, relatif aux atteintes au droit de propriété. Elle a considéré qu'il n'existait pas de « *rapport raisonnable de proportionnalité* » entre les moyens employés, c'est-à-dire l'article 760 du Code civil, et le but visé qui consiste dans la protection de la cellule familiale « victime » de l'adultère.

Pour aller plus loin

Les textes discriminatoires abrogés par la loi du 3 décembre 2001

Un certain nombre de textes a été abrogé par la loi du 3 décembre 2001 afin de mettre la loi française en conformité avec la Convention européenne des droits de l'Homme :

– l'expression « Les enfants naturels dont le père ou la mère était, au temps de leur conception, engagé dans les liens du mariage avec une autre personne », désignant les enfants naturels adultérins, disparaît du Code civil ;

1. Civ. 1re, 25 juin 1996, *Defrénois* 1997, art. 36516, n° 7, p. 310, obs. J. Massip.
2. CEDH, 1er février 2000, *Mazurek c/France, Defrénois* 2000, art. 37179, n° 29, obs. J. Massip, *D.* 2000, Jur. p. 332, note J. Thierry.

- l'article 34 du Code civil énonce le principe d'égalité des filiations légitime et naturelle alors qu'il prévoyait auparavant que les droits de l'enfant adultérin ne pouvaient « préjudicier que dans la mesure réglée par la loi, aux engagements que, par le fait du mariage, ce parent avait contracté », s'agissant du parent marié avec une autre personne que l'autre parent ;
- l'article 334-7 du Code civil est abrogé ; il disposait que l'enfant naturel adultérin « ne peut être élevé au domicile conjugal qu'avec le consentement du conjoint avec son auteur » ;
- les articles 759 et 760 du Code civil organisant la discrimination successorale touchant les enfants naturels adultérins disparaissent en même temps que la totalité de la section VI du Chapitre III du titre « Des successions » intitulée « Des droits successoraux résultant de la filiation naturelle » ; ainsi, les articles 762 et 763 organisant la possibilité d'un règlement anticipé de ses droits successoraux à l'enfant naturel adultérin disparaissent ;
- les articles 908, 908-1, 915 à 915-2, 1097 et 1097-1 du Code civil disparaissent, supprimant ainsi l'incapacité partielle de recevoir à titre gratuit des enfants naturels adultérins en concours avec le conjoint victime de l'adultère ou avec les enfants légitimes issus du mariage au cours duquel ils ont été conçus ;
- l'article 1527 du Code civil est modifié afin de permettre à tous les enfants « qui ne seraient pas issus des deux époux » et pas seulement à l'enfant « naturel adultérin » d'exercer l'action en retranchement.

B - Les droits des descendants

La vocation successorale des enfants ou de leurs descendants est prolongée par l'octroi à ceux-ci d'une réserve héréditaire.

Les descendants les plus proches en degré priment les autres s'il n'y a qu'une souche ; s'il y en a plusieurs, il y a lieu de tenir compte du mécanisme de la représentation.

Exemple

Monsieur Pierre, veuf, décède en laissant 3 enfants issus du mariage : Louise, Jeanne et Paul et une petite-fille, Pauline, fille de sa fille Louise.

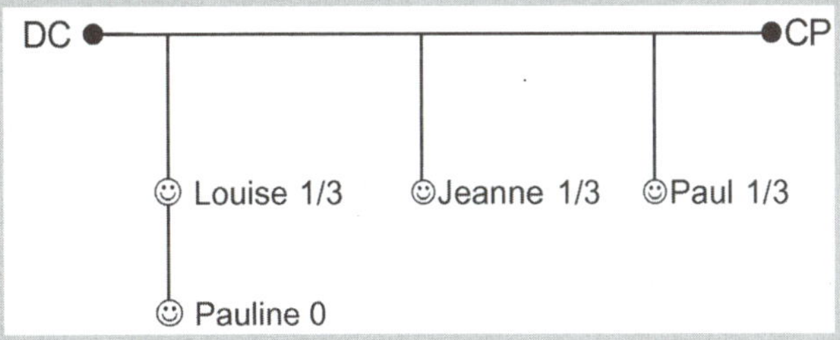

Les descendants sont prioritaires. Ils succèdent par tête et par portion égale. Par conséquent, la succession devra être partagée en parts égales entre les trois enfants (3 souches) de Monsieur Pierre qui en recevront chacun un tiers. Le plus proche en degré exclut les autres sauf en cas de représentation ; c'est la raison pour laquelle Pauline, la petite-fille de Monsieur Pierre ne recevra aucune part.

2 • L'ENFANT ADOPTÉ

La situation de l'enfant adopté est aujourd'hui alignée sur celle de l'enfant non adopté.

A - L'héritier adopté

1) L'héritier adopté plénièrement

Les enfants adoptés sont totalement assimilés aux enfants non adoptés (art. 358, C. civ.).

2) L'héritier adopté simplement

L'enfant adopté simplement conserve des droits successoraux dans sa famille d'origine (art. 364, C. civ.).

Il a dans sa famille adoptive les mêmes droits successoraux que les enfants issus du mariage du ou des adoptants de la famille adoptive mais n'a pas la qualité d'héritier réservataire à l'égard des ascendants de l'adoptant (art. 368, C. civ.).

B - Le *de cujus* adopté

Lorsque le *de cujus* a été adopté et qu'il décède avec des enfants, ceux-ci vont hériter selon la nature de leur filiation.

Si le *de cujus* adopté est sans descendance et sans conjoint survivant, on distingue deux hypothèses :

- ***en cas d'adoption plénière*** : la succession est dévolue conformément au droit commun ;
- ***en cas d'adoption simple,*** on applique la « *fente dans le cas de l'adopté* », c'est-à-dire qu'on divise la succession entre la famille d'origine et la famille adoptive (art. 368-1, C. civ.). Les parents adoptifs ou les parents par le sang peuvent bénéficier d'un droit de retour (cf. Chapitre 11).

BIBLIOGRAPHIE

FULCHIRON (H.), « La transmission des biens dans les familles recomposées », *Defrénois,* 1994, p. 843.

MARGUENAUD (J.-P.) et DAUCHEZ (B.), « La sur-rétroactivité des dispositions transitoires de la loi du 3 décembre 2001 favorables à l'enfant adultérin », *Defrénois* 2009, art. 38923.

TISSERAND (A.), « L'enfant adultérin : chronique d'une mort annoncée », *JCP* N, 1993, I, p. 53 ; *L'enfant adultérin,* Thèse Strasbourg, 1990 ; « De l'apparition aux dernières séquelles du statut d'infériorité de l'enfant illégitime », *Le droit de la famille en Europe,* 1992, p. 695.

VAREILLE (B.), « Étude critique de l'article 760 du Code civil », *RTD civ.,* 1991, p. 475.

VOUIN (J.-F.), « L'égalité successorale et la réforme du droit des successions », in *Mélanges Derruppé,* 1991, p. 307.

CHAPITRE 7

Les droits des ascendants et des collatéraux

Le ***deuxième ordre d'héritiers*** prévu par l'article 734 du Code civil est un ordre mixte : les ascendants et les collatéraux privilégiés viennent à la succession en deuxième rang, en l'absence de descendants du défunt.

Les ascendants privilégiés sont les père et mère du défunt.

Les collatéraux privilégiés sont les frères et sœurs du défunt ainsi que leurs descendants.

Le ***troisième ordre*** est constitué des ascendants autres que les père et mère dits « *ascendants ordinaires* ».

Le ***quatrième ordre*** est constitué des collatéraux ordinaires c'est-à-dire des collatéraux autres que les frères et sœurs ainsi que de leurs descendants.

1 • LE DÉFUNT LAISSE DES COLLATÉRAUX ET/OU DES ASCENDANTS PRIVILÉGIÉS

A - Le défunt ne laisse que des collatéraux privilégiés

Si le défunt ne laisse ni père, ni mère, la succession est, sous réserve de l'usufruit du conjoint survivant, dévolue en totalité à ses frères et sœurs ou à leurs descendants (art. 737, C. civ).

Les ascendants et les collatéraux ordinaires (collatéraux autres que les frères et sœurs et leurs descendants = cousins) sont exclus.

En conséquence, le partage s'opère par égales portions.

Exemple

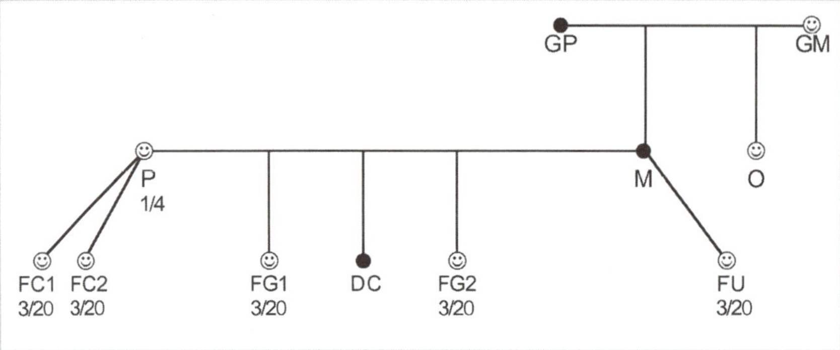

Légende du schéma : DC : de cujus ; P : père ; M : mère ; FC : frère consanguin ; FG : frère germain ; FU : frère utérin ; GP : grand-père ; GM : grand-mère ; O : oncle

– Le père, ascendant privilégié, reçoit un quart de la succession en application de l'article 738 du Code civil.

– La grand-mère ne reçoit rien puisqu'elle est primée par un ascendant privilégié alors qu'elle n'est qu'un ascendant ordinaire.

– Les frères et sœurs se partagent les trois quarts restant de la succession de manière égale, qu'ils soient utérins, consanguins ou germains soit 3/20e chacun (3/4÷5).

B - Le défunt laisse des ascendants privilégiés et des collatéraux privilégiés

Lorsque le défunt laisse des ascendants privilégiés et des collatéraux privilégiés, chacun des père et mère a vocation à un quart de la succession quel que soit le mode d'établissement de la filiation (art. 738, al. 1er, C. civ.). Si le défunt ne laisse que son père ou sa mère, le survivant recueille un quart mais l'autre quart est dévolu aux collatéraux privilégiés qui profitent dans cette mesure du prédécès de l'un des père et mère (art. 738, al. 2, C. civ.).

1) *Le* de cujus *laisse à la fois son père et sa mère*

« Lorsque les père et mère survivent au défunt et que celui-ci n'a pas de postérité, mais des frères et sœurs ou des descendants de ces derniers, la succession est dévolue, pour un quart, à chacun des père et mère et, pour la moitié restante, aux frères et sœurs ou à leurs descendants » (art. 738, al. 1er, C. civ.) : chacun des père et mère a vocation à un quart de la succession, quel que soit le mode d'établissement de la filiation.

Exemple

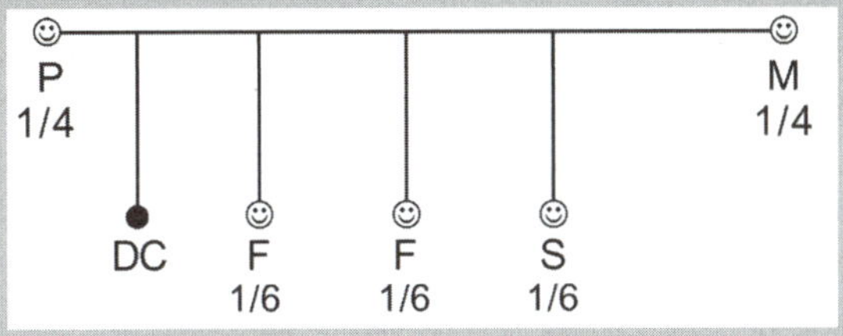

Légende du schéma : DC : de cujus ; F ; frère ; S : sœur ; P : père ; M : mère.

Le père et la mère du défunt se partagent la moitié de la succession soit un quart chacun. Les frères et sœurs, collatéraux privilégiés, se partagent l'autre moitié par parts égales soit 1/6e chacun.

2) Le de cujus laisse un seul de ses parents

« *Lorsqu'un seul des père et mère survit, la succession est dévolue pour un quart à celui-ci et pour trois quarts aux frères et sœurs ou à leurs descendants* » (art. 738, al. 2, C. civ.) : si le défunt ne laisse que son père ou sa mère, le survivant recueille un quart mais l'autre quart est dévolu aux collatéraux privilégiés qui profitent dans cette mesure du prédécès de l'un des père et mère.

Exemple

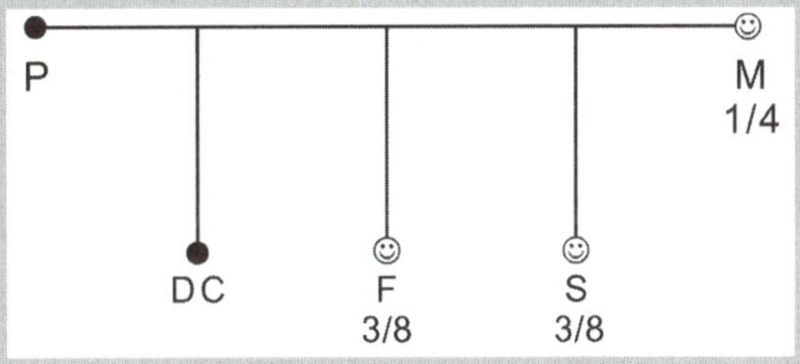

Légende du schéma : DC : de cujus ; F ; frère ; S : sœur ; P : père ; M : mère.

La mère reçoit 1/4. Les frère et sœur se partagent les 3/4 restant soit 3/8e chacun (3/4 ÷ 2).

C - Le défunt ne laisse que des ascendants privilégiés

Si le *de cujus* meurt sans descendant ni frère et sœur ou descendants de ceux-ci, sa succession est dévolue de manière variable selon qu'il laisse ses père et mère ou l'un d'eux seulement.

1) Le de cujus *laisse à la fois son père et sa mère*

« *Lorsque le défunt ne laisse ni postérité, ni frère, ni sœur, ni descendants de ces derniers, ses père et mère lui succèdent, chacun pour moitié* » (art. 736, C. civ.). On applique le système de la fente successorale prévu aux articles 746 et suivants du Code civil qui consiste à attribuer la moitié de la succession à la ligne paternelle et la moitié à la ligne maternelle.

Exemple

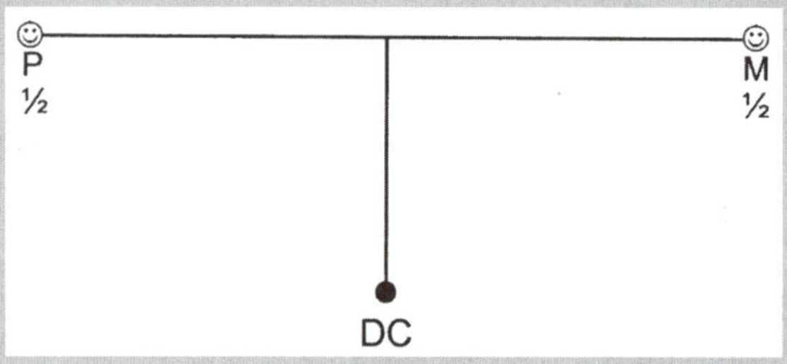

Légende du schéma : DC : de cujus ; F ; frère ; S : sœur ; P : père ; M : mère.
La mère reçoit la moitié de la succession pour la ligne maternelle et le père l'autre moitié pour la ligne paternelle.

2) Le de cujus *laisse un seul de ses parents*

L'ascendant privilégié survivant doit partager la succession avec des représentants des ordres suivants : l'absence de collatéraux privilégiés fait glisser les père et mère dans l'ordre des ascendants ordinaires (art. 738-1, C. civ.). Il n'y a pas de refente entre les ascendants de cette ligne (art. 748, al. 2, C. civ.). Plusieurs hypothèses peuvent être envisagées.

a) Seul le père ou la mère est vivant et il existe un ascendant ordinaire dans la ligne maternelle

Lorsqu'un seul ascendant privilégié, c'est-à-dire le père ou la mère du *de cujus*, est vivant et qu'il existe un ascendant ordinaire dans la ligne maternelle, la succession est divisée par moitié entre la branche paternelle et la branche maternelle (art. 747, C. civ.). Dans chaque branche, l'ascendant au degré le plus proche exclut celui qui est plus éloigné (art. 748, al. 1er, C. civ.).

Exemple

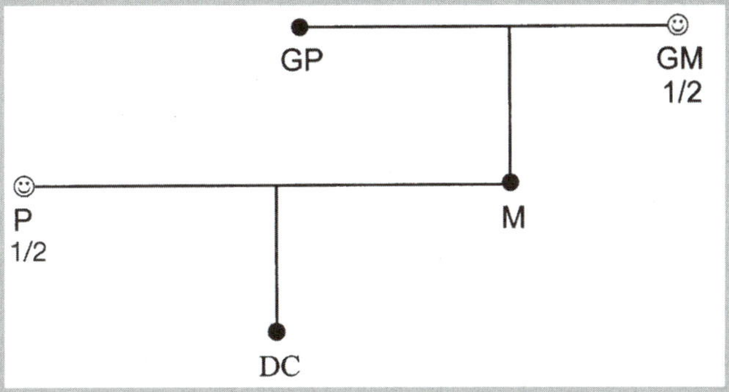

Légende du schéma : DC : de cujus ; F ; frère ; S : sœur ; P : père ; M : mère ; GM : grand-mère ; GP : grand-père.

La grand-mère maternelle reçoit la moitié dévolue à la ligne maternelle tandis que le père reçoit l'autre moitié réservée à la ligne paternelle.

b) Seul le père ou la mère est vivant et il existe un collatéral ordinaire dans l'autre ligne

Dans l'hypothèse où un seul ascendant privilégié, c'est-à-dire le père ou la mère du *de cujus*, est vivant, et il existe un collatéral ordinaire dans l'autre ligne, l'ascendant privilégié reçoit la totalité de la succession en application de l'article 748, alinéa 3 du Code civil : « *À défaut d'ascendant dans une branche, les ascendants de l'autre branche recueillent toute la succession* ».

Exemple

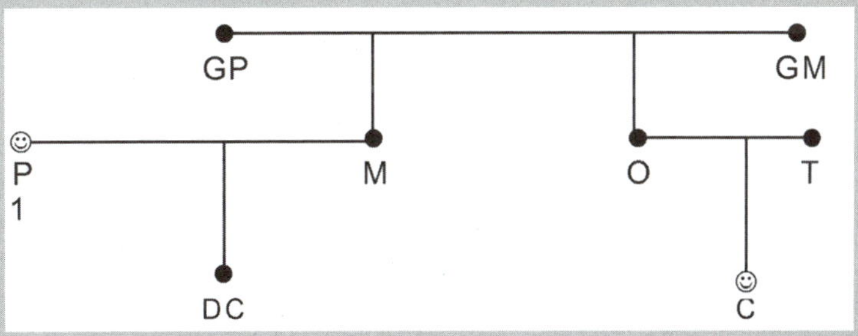

Légende du schéma : DC : de cujus ; O : oncle ; T : tante ; P : père ; M : mère ; GM : grand-mère ; GP : grand-père.

À défaut d'ascendants ou de collatéraux privilégiés dans la ligne maternelle, la ligne paternelle, c'est-à-dire le père, ascendant privilégié, reçoit la totalité de la succession.

2 • LE DÉFUNT LAISSE DES ASCENDANTS ET/OU DES COLLATÉRAUX ORDINAIRES

Les ascendants ordinaires forment le troisième ordre d'héritiers ; les collatéraux ordinaires le cinquième et dernier ordre.

A - Les droits des ascendants ordinaires

Les ascendants ordinaires sont les ascendants autres que les père et mère c'est-à-dire les grands-parents et arrière-grands-parents du *de cujus*.

On applique la fente sans refente ni représentation (art. 747, C. civ.).

1) S'il existe des ascendants ordinaires dans les deux lignes

S'il existe des ascendants ordinaires dans les deux lignes, on applique la fente : la succession est partagée en deux parts égales entre la ligne maternelle et la ligne paternelle puis à l'intérieur de chacune des lignes, l'ascendant le plus proche en degré exclut les autres (art. 747 et 748, C. civ.).

Exemple

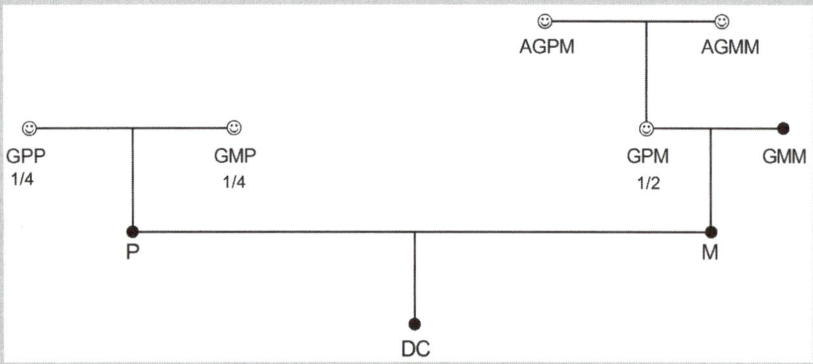

Légende du schéma : DC : de cujus ; P : père ; M : mère ; GPP : grand-père paternel ; GMP : grand-mère paternelle ; GMM : grand-mère maternelle ; GPM : grand-père maternel ; AGPM : arrière-grand-père maternel ; AGMM : arrière-grand-mère maternelle.

La règle de la fente est appliquée c'est-à-dire que la succession est partagée de manière égale entre la ligne paternelle et la ligne maternelle. À l'intérieur de chaque ligne, le plus proche en degré exclut les autres (art. 748, C. civ.) et ceux qui sont du même degré se partagent la part dévolue à leur ligne :

– le grand-père paternel et la grand-mère paternelle se partagent la part attribuée à la ligne paternelle et reçoivent par conséquent un quart chacun ;

– le grand-père maternel reçoit la totalité de la part dévolue à la ligne maternelle dans la mesure où il n'y a dans cette ligne, à part lui-même, que des parents à un degré plus éloigné. Il reçoit donc la moitié de la succession.

2) *S'il existe dans une ligne des ascendants ordinaires et dans l'autre des collatéraux ordinaires*

S'il existe dans une ligne des ascendants ordinaires et dans l'autre des collatéraux ordinaires, la succession est attribuée en totalité à l'ascendant. La fente ne profite pas aux collatéraux ordinaires s'il y en a (art. 748, C. civ.).

Exemple

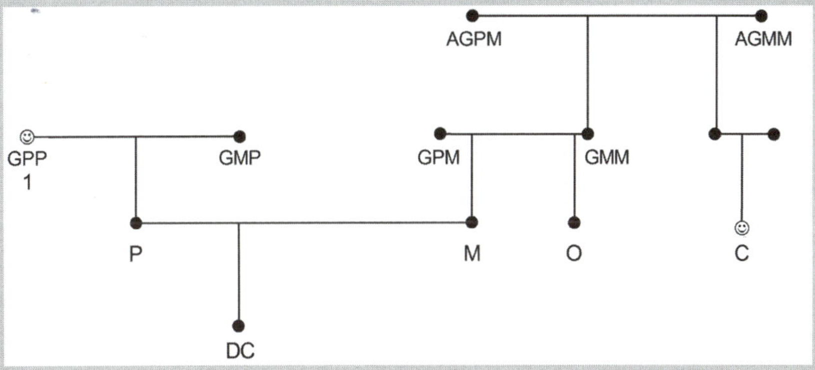

Légende du schéma : DC : de cujus ; C : cousin ; O : oncle ; P : père ; M : mère ; GPP : grand-père paternel ; GMP : grand-mère paternelle ; GMM : grand-mère maternelle ; GPM : grand-père maternel ; AGPM : arrière-grand-père maternel ; AGMM : arrière-grand-mère maternelle.

Le grand-père paternel, ascendant ordinaire, obtient la totalité de la succession. L'oncle et le cousin du *de cujus*, collatéraux ordinaires, n'obtiennent rien en application du principe de la proximité de degré (art. 748, al. 1er, C. civ.)

B - Les droits des collatéraux ordinaires

Les collatéraux ordinaires forment le cinquième et dernier ordre. Il s'agit des ***collatéraux autres que les frères et sœurs et leurs descendants***.

La vocation héréditaire est limitée au sixième degré. Il n'existe plus d'exception à ce principe depuis la loi du 3 décembre 2001 (art. 745, C. civ.).

Les collatéraux ordinaires héritent à défaut :

- de descendant ;
- d'ascendant privilégié et ordinaire ;
- de collatéral privilégié ;
- de conjoint.

La succession se divise par moitié : une moitié pour chaque ligne (art. 749, C. civ.). Le collatéral le plus proche en degré exclut les autres (art. 750, al. 1er, C. civ.). Il arrive qu'il y ait des successibles seulement dans une ligne.

1) L'existence de successibles dans les deux lignes

L'article 749 du Code civil dispose que « *Lorsque la succession est dévolue à des collatéraux autres que les frères et sœurs ou leurs descendants, elle se divise par moitié entre ceux de la branche paternelle et ceux de la branche maternelle* ». On applique le principe de la fente : on partage la succession en deux parts égales entre la ligne maternelle et la ligne paternelle puis à l'intérieur de chacune des lignes, l'ascendant le plus proche en degré exclut les autres.

Exemple

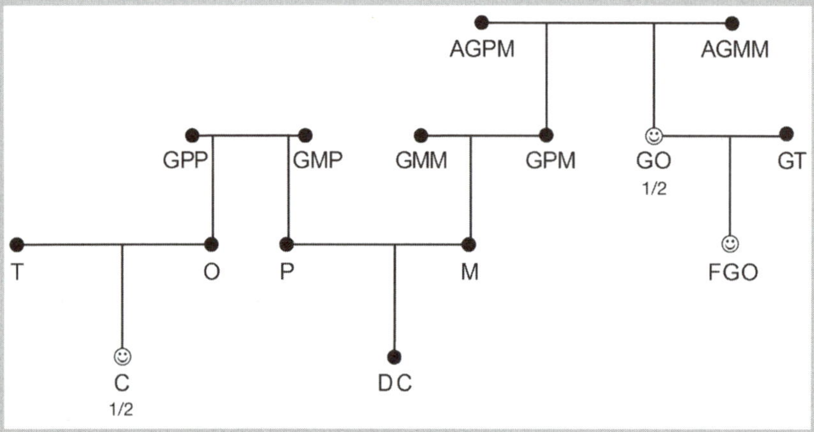

Légende du schéma : DC : de cujus ; C : cousin ; O : oncle ; P : père ; M : mère ; GPP : grand-père paternel ; GMP : grand-mère paternelle ; GMM : grand-mère maternelle ; GPM : grand-père maternel ; AGPM : arrière-grand-père maternel ; AGMM : arrière-grand-mère maternelle ; GO : grand-oncle ; GT : grand-tante ; FGO : fils du grand-oncle.

La fente est appliquée : on attribue la moitié de la succession à la ligne paternelle, l'autre moitié à la ligne maternelle :

– dans la ligne paternelle, il n'y a qu'un cousin qui reçoit par conséquent la totalité de la part attribuée à cette ligne soit la moitié de la succession ;

– dans la ligne maternelle, il y a un grand-oncle, parent du *de cujus* au 4e degré, et son fils, parent du *de cujus* au 5e degré. Le parent du degré le plus proche exclut les autres : le grand-oncle reçoit la moitié de la succession alors que son fils ne reçoit rien.

2) L'existence de successibles dans une seule ligne

La fente ne peut être appliquée à l'intérieur d'une ligne, paternelle ou maternelle (art. 750, al. 3, C. civ.). S'il n'existe des successibles que dans une seule ligne, la succession est partagée entre les héritiers du degré le plus proche du défunt (art. 750, al. 1er, C. civ.). Les collatéraux au même degré succèdent par tête (art. 750, al. 2, C. civ.). À défaut de collatéral dans une branche, les collatéraux de l'autre branche recueillent toute la succession (art. 750, al. 3, C. civ.).

Exemple

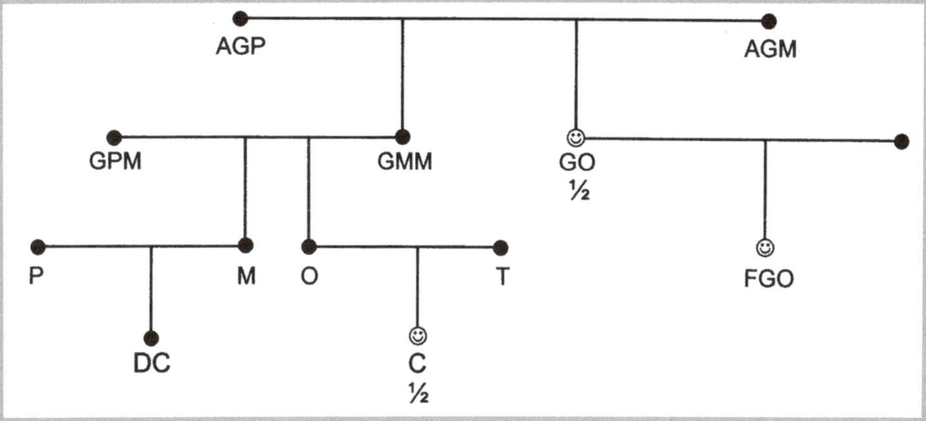

Légende du schéma : DC : de cujus ; C : cousin ; O : oncle ; T : tante ; P : père ; M : mère ; GPP : grand-père paternel ; GMP : grand-mère paternelle ; GMM : grand-mère maternelle ; GPM : grand-père maternel ; AGPM : arrière-grand-père maternel ; AGMM : arrière-grand-mère maternelle ; GO : grand-oncle ; ; FGO : fils du grand-oncle.

Le grand-oncle est parent du *de cujus* au 4e degré, son fils au 5e degré et le cousin au 4e degré. Il n'y a des successibles que dans la ligne paternelle donc il n'est pas possible d'appliquer une fente. La succession est partagée entre les héritiers du degré le plus proche soit entre le grand-oncle et le cousin qui reçoivent chacun la moitié de la succession.

3 • LE DÉFUNT LAISSE DES ASCENDANTS ORDINAIRES ET DES ASCENDANTS PRIVILÉGIÉS

A - Le défunt laisse des ascendants ordinaires et des ascendants privilégiés dans une seule branche

Lorsque le défunt laisse des ascendants ordinaires et des ascendants privilégiés dans une seule branche, on applique la règle du degré. Le plus proche en degré du *de cujus* reçoit la totalité de la succession (art. 748, al. 1er, C. civ.).

Exemple

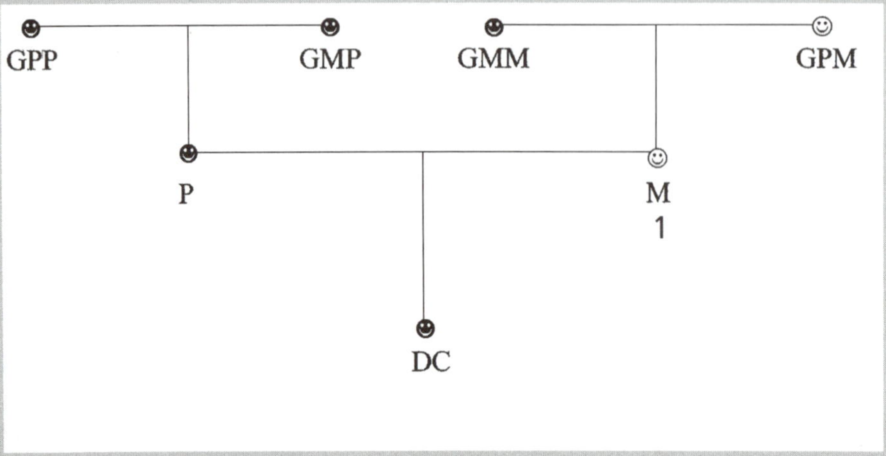

Légende du schéma : DC : de cujus ; P : père ; M : mère ; GPP : grand-père paternel ; GMP : grand-mère paternelle ; GMM : grand-mère maternelle ; GPM : grand-père maternel.

Les seules successibles sont la mère et la grand-mère qui se trouvent toutes les deux dans la ligne maternelle. La mère est la plus proche en degré, elle exclut la grand-mère et reçoit la totalité de la succession.

B - Le défunt laisse des ascendants ordinaires dans une branche et des ascendants privilégiés dans l'autre branche

En cas de concours entre d'une part le père ou la mère du défunt (ascendants privilégiés) et d'autre part un ou plusieurs ascendants ordinaires de l'autre branche que celle de son père ou de sa mère survivant, la succession est dévolue pour moitié au père ou à la mère et pour moitié aux ascendants de l'autre branche (art. 738-1, C. civ.).

Exemple

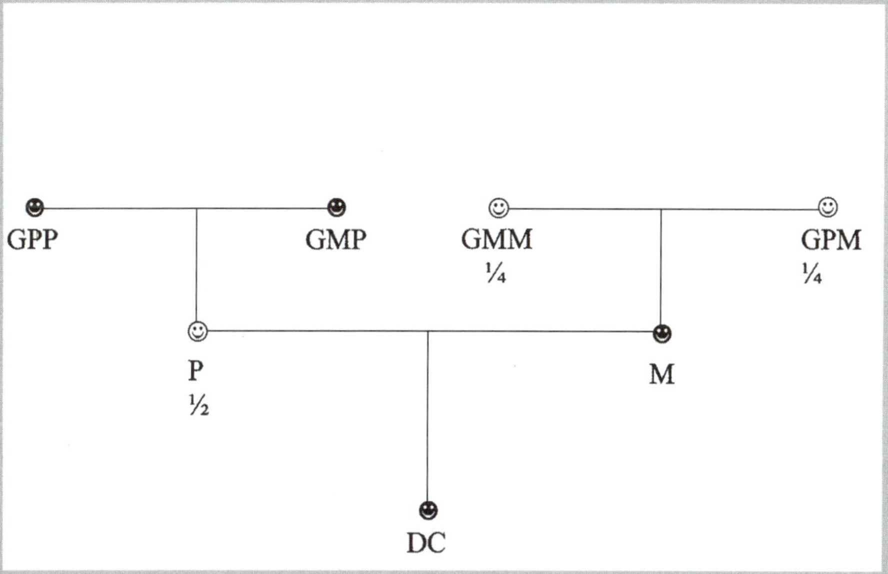

Légende du schéma : DC : de cujus ; P : père ; M : mère ; GPP : grand-père paternel ; GMP : grand-mère paternelle ; GMM : grand-mère maternelle ; GPM : grand-père maternel.

Les seuls successibles de la ligne maternelle sont deux ascendants ordinaires : la grand-mère et le grand-père maternels. Ils se trouvent dans la même ligne : la ligne maternelle. Le père est un ascendant privilégié ; il reçoit la moitié de la succession. Les grands-parents se partagent l'autre moitié soit un quart chacun.

Dans tous les cas, il convient de rappeler que par l'effet de la loi du 23 juin 2006, l'article 738-2 du Code civil prévoit un ***droit de retour légal*** au profit des père et mère (cf. Chapitre 11).

BIBLIOGRAPHIE

ARTEIL (D.), « L'ascendant dans le nouveau droit des successions et des libéralités », *Defrénois* 2007, art. 38564.

BERRY (E.), « Du sort de la fente entre ascendants privilégiés et ordinaires après la loi du 3 décembre 2001 », *JCP* N 2004, p. 1257.

BOULANGER, « Les nouveaux droits des parents en l'absence du conjoint successible », *JCP* N 2002, 1286, p. 715.

CORNU (G.), « La fraternité. Des frères et sœurs par le sang dans la loi civile », in *Écrits en l'honneur de J. Savatier,* 1992, p. 129.

TITRE 2

Les droits du conjoint survivant

Jusqu'à la loi du 3 décembre 2001, les droits *ab intestat* (c'est-à-dire en l'absence de volonté contraire du *de cujus*) du conjoint survivant sur la succession étaient limités :

– dans la majorité des cas, ces droits se limitaient à un usufruit. La conversion de l'usufruit du conjoint en rente pouvait lui être imposée ;

– le conjoint survivant n'avait pas l'assurance de conserver son cadre de vie ;

– le conjoint survivant ne pouvait demander à la succession des aliments lorsqu'il ne venait pas à la succession ;

– les droits du conjoint survivant pouvaient être mis à néant en raison du fait qu'il n'était pas réservataire, lorsque le conjoint décédé avait été trop généreux dans ses libéralités à autrui.

La loi du 3 décembre 2001 a permis au conjoint survivant d'avoir une véritable vocation successorale et de protéger son cadre de vie. La loi du 23 juin 2006 a supprimé la réserve héréditaire des ascendants, faisant du conjoint survivant et des descendants les seuls héritiers réservataires.

CHAPITRE 8

La quotité de l'usufruit ou la part en pleine propriété

Les droits successoraux *ab intestat* du conjoint survivant ont été considérablement améliorés par la loi du 3 décembre 2001. Les hypothèses dans lesquelles le conjoint hérite en pleine propriété sont devenues moins exceptionnelles. Ce texte a également prévu plusieurs mesures de protection du conjoint survivant destinées notamment à maintenir son cadre de vie.

Depuis la réforme du 23 juin 2006, l'article 732 du Code civil définit le conjoint successible comme le conjoint non divorcé. Sont donc exclus de ces dispositions favorables le partenaire survivant d'un Pacs tout comme le concubin survivant.

1 • LA VOCATION SUCCESSORALE DU CONJOINT SURVIVANT

A - Les hypothèses

1) *Le conjoint survivant en présence de descendants du* de cujus

L'article 757 du Code civil distingue deux cas : soit tous les enfants sont issus des deux époux, soit certains d'entre eux ne sont pas issus des deux époux.

a) *Première hypothèse : tous les enfants du* de cujus *sont issus des deux époux*

Lorsque tous les enfants du *de cujus* ont pour parent d'une part le défunt et d'autre part son conjoint venant à la succession, le conjoint survivant a le choix entre (art. 757, C. civ.) :

- l'usufruit de la totalité des biens composant la succession ;
- la propriété du quart des biens composant la succession.

b) *Deuxième hypothèse : certains enfants du* de cujus *ne sont pas issus des deux époux*

Lorsque le *de cujus* a au moins un enfant né hors mariage ou un enfant issu d'un précédent mariage (art. 757, *in fine* C. civ.) c'est-à-dire qui n'a pas pour autre parent le conjoint venant à la succession, le conjoint perd son droit à l'option : ses droits sont d'un quart en pleine propriété. Il importe peu alors que le *de cujus* et le conjoint venant à la succession ont eu ou non des enfants venant à la succession.

Exemple

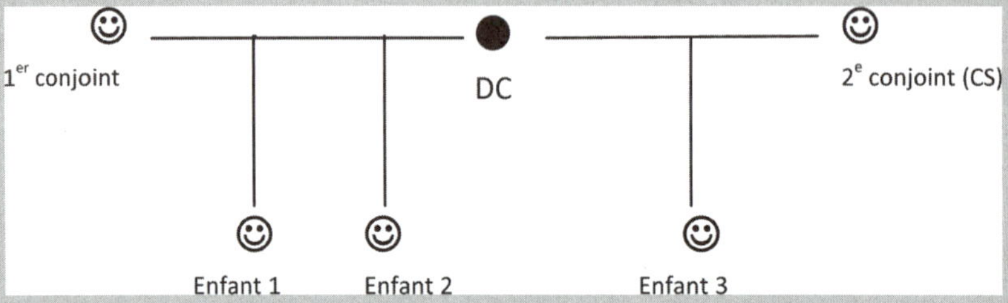

Légende du schéma : DC : de cujus ; CS : conjoint survivant.

Le *de cujus* ayant des enfants d'un premier lit, le conjoint survivant perd la possibilité d'opter et reçoit un quart en pleine propriété.

Lorsque les enfants ayant pour parents le défunt et une autre personne que le conjoint venant à la succession renoncent alors que les enfants communs acceptent la succession, on revient alors à la première hypothèse dans laquelle le conjoint survivant dispose d'une option.

Exemple

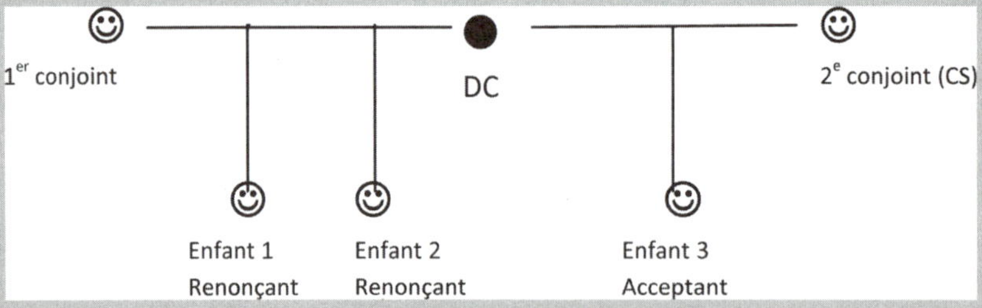

Légende du schéma : DC : de cujus ; CS : conjoint survivant.

Le *de cujus* a des enfants d'un premier lit mais ceux-ci renoncent tous deux à la succession. On considère donc que le seul enfant héritier est l'enfant commun : le conjoint survivant retrouve donc son option entre l'usufruit de la totalité des biens de la succession ou le quart en pleine propriété.

2) Le conjoint survivant en présence de la mère et/ou du père du de cujus

a) Le conjoint survivant en présence des deux parents du de cujus

Lorsque le *de cujus* ne laisse pas d'enfant ou de descendants et que ses père et mère sont tous deux vivants, le conjoint survivant recueille la moitié des biens composant la succession, l'autre moitié se partageant également entre le père et la mère qui recueillent par conséquent un quart chacun (art. 757-1, al. 1er, C. civ.).

Exemple

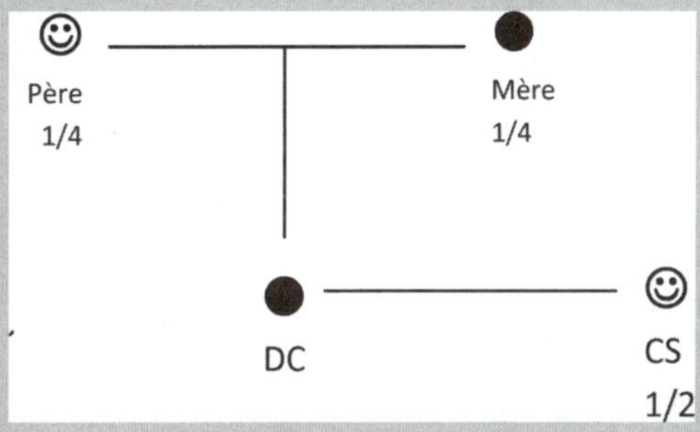

Légende du schéma : DC : de cujus ; CS : conjoint survivant.

En présence des père et mère du défunt, le conjoint survivant reçoit la moitié de la succession et les parents se partagent l'autre moitié.

b) Le conjoint survivant en présence du père ou de la mère du de cujus

La part du père ou de la mère prédécédé vient accroître la part du conjoint survivant qui reçoit par conséquent les trois quarts des biens composant la succession (art. 757-1, al. 2, C. civ.). La même règle s'applique lorsque le père ou la mère renonce ou se trouve indigne de succéder à son enfant.

Exemple

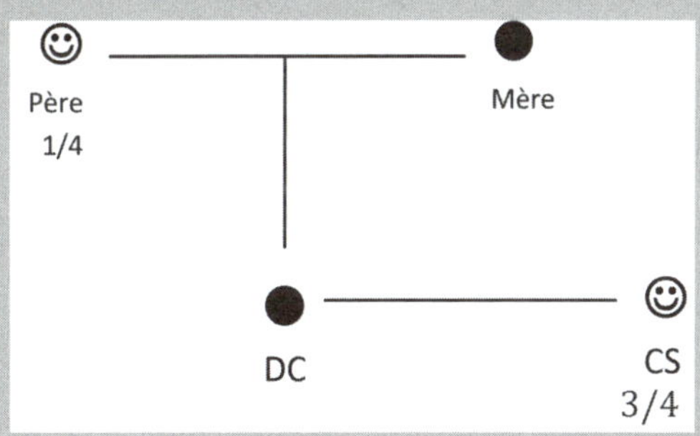

Légende du schéma : DC : de cujus ; CS : conjoint survivant.

Le père reçoit le quart de la succession, comme dans l'exemple précédent. La mère étant décédée, la part qu'elle devait recevoir est attribuée au conjoint survivant qui reçoit les ¾ de la succession.

3) Le conjoint survivant en présence d'autres héritiers

a) Le principe

L'article 757-2 du Code civil dispose qu'« *En l'absence d'enfants ou de descendants du défunt et de ses père et mère, le conjoint survivant recueille toute la succession* ».

b) L'exception : le droit de retour des collatéraux privilégiés

Selon l'article 757-3 du Code civil, « *Par dérogation à l'article 757-2, en cas de prédécès des père et mère, les biens que le défunt avait reçus de ses ascendants par succession ou donation et qui se retrouvent en nature dans la succession sont, en l'absence de descendants, dévolus pour moitié aux frères et sœurs du défunt ou à leurs descendants, eux-mêmes descendants du ou des parents prédécédés à l'origine de la transmission* ». Ce texte organise le retour des biens de famille dans la famille d'origine.

Le droit de retour au profit des collatéraux privilégiés ne peut se faire qu'à certaines conditions :

- il porte sur des biens qui doivent avoir été reçus à titre gratuit par le *de cujus* de la part de ses parents prédécédés ;
- il n'est possible qu'en cas de prédécès des père et mère du *de cujus* et en l'absence de descendants de ce dernier ;
- les biens doivent se trouver en nature dans la succession. Le défunt ne doit pas avoir aliéné ses biens de famille à titre gratuit ou onéreux ou en avoir disposé par testament au profit du conjoint ou d'un autre légataire : l'article 757-3 du Code civil est supplétif de la volonté du *de cujus*. Le droit de retour porte sur la moitié seulement de ces droits, l'autre moitié étant destinée au conjoint. Il n'est pas distingué entre les biens meubles et les biens immeubles.

Les bénéficiaires de ce droit de retour sont les frères et sœurs du *de cujus* et leurs descendants à condition qu'ils ne soient pas utérins ou consanguins. Il doit s'agir de frères ou sœurs germains (art. 757-3 *in fine*, C. civ.).

Exemple

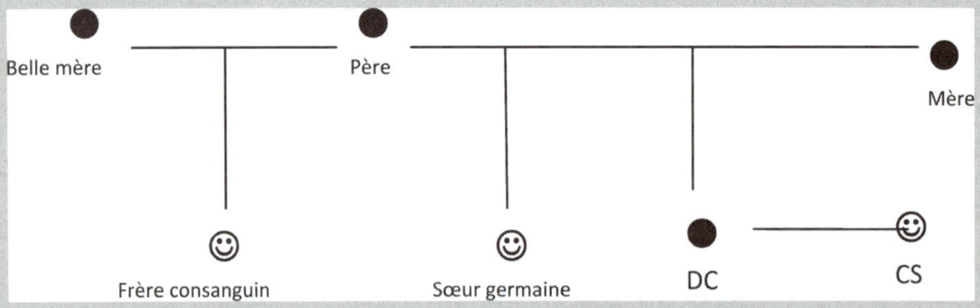

Légende du schéma : DC : de cujus ; CS : conjoint survivant.

Le *de cujus* laisse une sœur germaine, un frère consanguin et son conjoint survivant. De leur vivant, les parents du *de cujus* lui ont fait donation d'un appartement à Paris.

Le droit de retour ne bénéficie qu'à la sœur germaine. Elle reçoit donc la moitié de l'appartement. Ce bien appartient donc en indivision au conjoint pour la moitié et à la sœur germaine pour l'autre moitié.

c) *Les mesures particulières*

Les ascendants ordinaires (grands-parents, arrière-grands-parents) disposent d'une créance d'aliments contre la succession du *de cujus* s'ils sont dans le besoin dans deux hypothèses (art. 758, al. 1er, C. civ.) :

- lorsque le conjoint survivant recueille la totalité de la succession en l'absence d'enfants ou de descendants du défunt et de ses père et mère ;
- lorsque le conjoint survivant recueille les trois quarts des biens de la succession en l'absence d'enfants et de descendants lorsque le père ou la mère est prédécédé.

Les ascendants disposent d'un délai d'un an pour réclamer cette créance alimentaire à compter « *du décès ou du moment à partir duquel les héritiers cessent d'acquitter les prestations qu'ils fournissaient auparavant aux ascendants* » (art. 758, al. 2, C. civ.). En cas d'indivision, ce délai est prolongé jusqu'à l'achèvement du partage.

Cette pension est prélevée sur la succession et donc supportée par tous les héritiers. En cas d'insuffisance, les légataires particuliers devront également en supporter la charge proportionnellement à la part qu'ils auront reçue (art. 758, al. 3, C. civ.). Cependant, lorsque le testateur a favorisé un légataire en précisant que son legs serait acquitté de préférence aux autres, ce légataire ne supportera la charge de la pension que lorsque celle-ci aura absorbé à la fois la part des héritiers et celle des autres légataires (art. 758, al. 4 et 927, C. civ.).

B - L'exercice de l'option

1) *L'intransmissibilité de l'option*

Seul le conjoint survivant peut exercer le droit d'option. Tant qu'il n'a pas exercé son option entre propriété et usufruit, le conjoint ne peut céder ses droits dans la succession puisqu'il céderait alors ce droit d'option qui lui est personnel (art. 758-1, C. civ.). Lorsque le conjoint décède avant d'avoir exercé son option, il est réputé avoir opté pour l'usufruit (art. 758-4, C. civ.).

2) *La preuve de l'option*

En matière de preuve de l'option, un principe est posé par l'article 758-2 du Code civil qui dispose que « *l'option du conjoint entre l'usufruit et la propriété se prouve par tous moyens* ».

Lorsque le conjoint ne se décide pas à opter, chacun des héritiers peut l'inviter par écrit à exercer son option (art. 758-3, C. civ.). Dans cette hypothèse, si le conjoint n'a pas pris parti dans les trois mois, il est réputé avoir opté pour l'usufruit (art. 758-3, C. civ. *in fine*).

Tableau comparatif de la vocation successorale du conjoint survivant avant et après la loi du 3 décembre 2001

Parent(s) laissé(s) par le défunt	Avant la loi du 3 décembre 2001	Depuis la loi du 3 décembre 2001*	Références*
Enfants ou descendants : – issus des 2 époux – issus d'une autre union	 ¼ Us ¼ Us ou ½ PP en cas de concours avec ENA	 1 Us ou ¼ PP ¼ PP	 Art. 757, C. civ. Art. 757, C. civ.
Père et mère	½ us	½ PP	Art. 757-1, al. 1er, C. civ.
Père ou mère	½ PP si absence de collatéral privilégié ou d'ascendant ordinaire dans ligne vacante	¾ PP	Art. 757-1, al. 2, C. civ.
Ascendant ordinaire dans les deux branches	½ Us	1 PP	Art. 757-2, C. civ.
Ascendant ordinaire dans une seule branche	½ PP sauf si collatéral privilégié dans branche vacante	1 PP	Art. 757-2, C. civ.
Collatéraux privilégiés	½ Us	1 PP (sauf art. 757-3)	Art. 757-2, C. civ.
Collatéraux ordinaires	1 PP	1 PP	Art. 757-2, C. civ.

Us : Usufruit PP : Pleine propriété ENA : Enfant naturel adultérin

2 • LA PROTECTION DU CONJOINT SURVIVANT

La loi du 3 décembre 2001 n'a pas eu pour seul objectif d'augmenter la vocation successorale du conjoint survivant. Elle vise également à assurer les conditions d'existence du conjoint survivant qui sont souvent remises en cause par le décès du *de cujus*. Il s'agit d'une part de mesures relatives au logement, d'autre part d'un droit à pension.

A - Le droit au logement

Les mesures contenues dans la loi du 3 décembre 2001 visent à maintenir au conjoint survivant son cadre de vie lors du décès du *de cujus*. Cet objectif est atteint par deux moyens : d'une part, un droit au logement temporaire, d'autre part un droit viager au logement.

1) Le droit temporaire au logement

Pendant une année à compter du décès, le conjoint survivant est logé aux frais de la succession selon deux modalités (art. 763, C. civ. ; cette mesure est applicable aux successions de personnes décédées à compter du 4 décembre 2001) :

- lorsque le conjoint occupe au moment du décès, à titre d'habitation principale, un logement qui appartenait aux époux ou dépendant totalement de la succession, il bénéficie de plein droit pendant une année de la jouissance gratuite de ce logement « *ainsi que du mobilier, compris dans la succession, qui le garnit* » (art. 763, al. 1er, C. civ.) ;
- lorsque l'habitation du conjoint successible est assurée au moment du décès par un bail à loyer ou par un logement appartenant pour partie indivise au *de cujus*, la succession devra lui rembourser les loyers ou l'indemnité d'occupation pendant une année, « *au fur et à mesure de leur acquittement* » (art. 763, al. 2, C. civ.).

L'article 763, alinéa 3 du Code civil précise que ces droits constituent des effets directs du mariage, c'est-à-dire qu'ils constituent un avantage matrimonial, et non des droits successoraux (art. 763, al. 3, C. civ.).

Les dispositions concernant ce droit temporaire au logement sont d'ordre public (art. 763, al. 4, C. civ.). Le *de cujus* ne peut priver par testament son conjoint du droit temporaire au logement.

Pour aller plus loin

Le droit temporaire au logement du partenaire survivant

Lorsqu'il a signé un Pacs, le partenaire survivant bénéficie d'un ***droit de jouissance gratuit d'un an sur le logement*** appartenant au partenaire ou dépendant totalement de la succession ainsi que du mobilier compris dans la succession.

2) Le droit viager au logement

Le logement faisant souvent partie de la succession, le conjoint survivant risque d'en être privé à l'issue de l'année de protection temporaire. La loi du 3 décembre 2001 a donc créé un droit viager au logement bénéficiant au conjoint survivant.

a) Le conditions du droit viager au logement

La possibilité pour le conjoint survivant de bénéficier d'un droit viager au logement n'est envisageable qu'à certaines conditions :

- le conjoint successible doit occuper effectivement, lors du décès, à titre d'habitation principale, un logement appartenant aux époux ou dépendant totalement de la succession (art. 764, al. 1er, C. civ.) ;
- le *de cujus* ne doit pas avoir exprimé une volonté contraire dans un testament authentique, c'est-à-dire la volonté de ne pas permettre au conjoint survivant de bénéficier de ce droit viager (art. 764, al. 1er, C. civ.) ;
- le conjoint survivant doit manifester sa volonté de bénéficier du droit viager au logement dans un délai d'un an à partir du décès (art. 765-1, C. civ.).

b) L'étendue du droit viager au logement

Ce droit viager au logement consiste en un ***droit d'usage ou d'habitation*** dont le conjoint survivant bénéficie pendant la durée de sa vie. L'article 764, alinéa 3 du Code civil renvoie aux articles 627, 631, 634 et 635 du même code quant aux conditions d'exercice de ce droit :

- le titulaire du droit d'habitation doit en jouir en bon père de famille (art. 627, C. civ.) ;
- le titulaire du droit d'habitation ne peut céder ou louer son droit à un autre (art. 631 et 634, C. civ.)
- s'il « *absorbe tous les fruits du fonds ou s'il occupe la totalité de la maison, il est assujetti aux frais de culture, aux réparations d'entretien, et au payement des contributions, comme l'usufruitier* » (art. 635, C. civ.).

c) La contrepartie du droit viager au logement

Le droit viager au logement ne s'ajoute pas aux droits successoraux du conjoint survivant ; au contraire, il vient ***s'imputer sur la valeur des droits successoraux*** recueillis par le conjoint (art. 765, C. civ.) :

- si la valeur des droits d'habitation et d'usage est inférieure à celle des droits successoraux attribués au conjoint survivant, il peut prendre le complément sur les biens existants ;
- si la valeur des droits d'habitation et d'usage est supérieure à celle des droits successoraux, le conjoint n'est pas tenu de récompenser la succession à raison de l'excédent.

L'article 766 du Code civil dispose qu'il est possible aux héritiers et au conjoint survivant, de convertir par convention les droits d'habitation et d'usage en une rente viagère ou en capital (art. 766, C. civ.). Lorsque l'un des héritiers partie à cette convention est mineur ou majeur protégé, la convention devra être autorisée par le juge des tutelles.

B - Le droit à une pension alimentaire

Le droit à une pension alimentaire existait avant la loi du 3 décembre 2001. L'octroi de cette pension alimentaire est désormais moins répandu dans la mesure où le conjoint survivant a vu ses droits successoraux s'accroître de manière substantielle.

1) Les conditions de fond d'octroi de la pension alimentaire

Le conjoint survivant doit se trouver en état de besoin (art. 767, C. civ.). Il sera dans ce cas notamment lorsque le *de cujus* a fait des libéralités qui réduisent à néant la quotité disponible.

2) Les conditions de forme d'octroi de la pension alimentaire

Le conjoint dispose d'un délai d'un an « *à partir du décès ou du moment où les héritiers cessent d'acquitter les prestations qu'ils fournissaient auparavant au conjoint* » (art. 767, al. 1er, C. civ.). En cas d'indivision, ce délai est prolongé jusqu'à l'achèvement du partage, à condition que le conjoint successible ait des droits dans l'indivision, c'est-à-dire qu'il n'ait pas été exhérédé de tous ses droits par le *de cujus*[1].

3) Les modalités de la pension alimentaire

La pension alimentaire est prélevée sur la succession et donc supportée par tous les héritiers. En cas d'insuffisance, les légataires particuliers devront également en supporter la charge proportionnellement à la part qu'ils auront reçue (art. 767, al. 2, C. civ.). Cependant, lorsque le testateur a favorisé un légataire en précisant que son legs serait acquitté de préférence aux autres, ce légataire ne supportera la charge de la pension que lorsque celle-ci aura absorbée à la fois la part des héritiers et celle des autres légataires (art. 767, al. 3 et 927, C. civ.).

Le montant de la pension alimentaire est déterminé en fonction des besoins du conjoint survivant et du montant de l'actif net de la succession[2]. Il s'agit d'une continuation du devoir de secours entre époux prévu par l'article 212 du Code civil.

C - Le renforcement de l'attribution préférentielle

Le conjoint survivant peut bénéficier de l'attribution préférentielle du local d'habitation c'est-à-dire qu'il peut se voir attribuer en priorité à sa demande, au moment du partage des biens du défunt, la propriété du local d'habitation, ainsi que celle du mobilier le garnissant, le cas échéant contre paiement d'une somme d'argent (« soulte »).

Alors qu'avant la loi du 3 décembre 2001, le conjoint survivant devait demander l'attribution préférentielle du local d'habitation, cette attribution est désormais de droit c'est-à-dire qu'elle ne peut plus lui être refusée par le juge (art. 832-1, al. 2, C. civ.).

D - Le droit de créance du conjoint pour sa participation à l'activité professionnelle du *de cujus*

Le droit de créance du conjoint pour sa participation à l'activité professionnelle du *de cujus* a été reconnu en 1989 aux conjoints de commerçants et en 1999 en matière agricole.

Pour en bénéficier, le conjoint doit avoir travaillé au moins dix ans dans une entreprise commerciale ou artisanale ou une exploitation agricole dont le *de cujus* était le chef ou l'associé exploitant la société dont l'objet est l'exploitation agricole. Il ne doit pas avoir reçu de rémunération ni avoir été associé aux bénéfices et aux pertes.

La créance est égale à trois fois le salaire minimum interprofessionnel de croissance (SMIC) annuel en vigueur au moment du décès, sans pouvoir dépasser 25 % de l'actif successoral (art. 14 de la loi du 31 janvier 1989 et art. L. 321-13 à 321-20, C. rur.).

Ces sommes seront prélevées sur la succession. Pour garantir le paiement de cette créance, le conjoint survivant dispose d'un privilège général mobilier, d'un privilège général immobilier et d'une hypothèque légale.

Les sommes que le conjoint reçoit sont ensuite déduites de sa part dans le partage de la communauté ou de la succession.

---

1. Civ. 1re, 26 janvier 2011, *D* . 2011, Act., p. 442.
2. Civ. 1re, 9 mars 1994, *Bull. civ.* I, n° 88.

BIBLIOGRAPHIE

BRÉMOND (V.), « Les droits locatifs du conjoint survivant après la loi du 3 décembre 2001 », *Gaz. Pal.* 2002, n° du 30 juillet, p. 4.

COPART (I.), « L'amélioration de la protection *post mortem* des conjoints par la loi du 3 décembre 2001 », *D.* 2002, Chron. p. 2952.

DOUET (F.), « Les aspects fiscaux de la réforme des droits du conjoint survivant », *Defrénois* 2003, p. 897.

FERRÉ-ANDRÉ (S.), « Des droits supplétifs et impératifs du conjoint survivant dans la loi du 3 décembre 2001 », *Defrénois* 2002, p. 863.

MERVILLE (A.-D.), « La réforme du statut du conjoint survivant par la loi n° 2001-1135 du 3 décembre 2001. Le conjoint est-il un membre à part entière de la famille ? », *JCP* 2002, I, 185.

VAUVILLÉ (F.), « Les droits au logement du conjoint survivant », *Defrénois* 2002, p. 1277.

CHAPITRE 9

L'exercice des droits du conjoint survivant

L'usufruit, aussi bien que les droits en pleine propriété lorsqu'ils ne portent que sur une partie de la succession, doivent normalement faire l'objet d'une liquidation dont la procédure obéit à un certain nombre de règles techniques. L'usufruit peut également être converti en capital.

1 • LE MONTANT DES DROITS DU CONJOINT SURVIVANT

Le calcul du montant des droits obéit à une méthode différente selon que les droits sont en pleine propriété ou en usufruit.

A - La liquidation des droits en pleine propriété

1) Les hypothèses

Le problème de la liquidation des droits en pleine propriété du conjoint survivant se pose lorsque celui-ci est en concours avec des parents du défunt et qu'il ne reçoit par conséquent qu'une quote-part en propriété.

2) La méthode

Plusieurs calculs successifs permettent de déterminer le montant des droits en pleine propriété du conjoint survivant.

a) La détermination de la masse de calcul

La masse de calcul permet de déterminer, en lui appliquant la quotité légale, l'assiette théorique des droits en pleine propriété (art. 758-5, al. 1er, C. civ.).

Masse de calcul

= Biens existant
+ Biens ayant fait l'objet de libéralités rapportables
+ Libéralités consenties au conjoint survivant par le *de cujus*
+ Donations-partage
– Passif

b) Détermination de l'assiette théorique

Assiette théorique =
Valeur de la masse de calcul x Quotité des droits en pleine propriété
= Masse de calcul X 1/4

c) La détermination de la masse d'exercice

La masse d'exercice est plus restreinte que la masse de calcul : « *Le conjoint ne pourra exercer son droit que sur les biens dont le prédécédé n'aura disposé ni par acte entre vifs, ni par acte testamentaire, et sans préjudicier aux droits de réserve ni aux droits de retour* » (art. 758-5, al. 2, C. civ.).

En effet, le conjoint survivant ne peut exercer ses droits en pleine propriété ni sur les biens dont le *de cujus* a disposé à titre gratuit (libéralités rapportables), ni au préjudice des droits à réserve ou du droit de retour légal.

La loi du 23 juin 2006 a repris le principe qui existait avant 2001, selon lequel les libéralités reçues par le conjoint survivant s'imputent sur sa part légale ; elles ne peuvent s'y ajouter (art. 758-6, C. civ.). Ainsi, si les libéralités sont inférieures à cette vocation légale, le conjoint survivant peut en réclamer le complément mais il ne doit jamais recevoir une portion de biens supérieure à la quotité définie à l'article 1094-1 du Code civil ; cette quotité disponible spéciale s'ajoute à la quotité disponible ordinaire.

Masse d'exercice =
Masse de calcul
–Réserve héréditaire des descendants
– Fraction de la libéralité rapportable imputée sur la quotité disponible

d) La détermination de l'assiette effective

Lorsque la masse d'exercice est supérieure ou égale à l'assiette théorique, l'assiette effective est égale à l'assiette théorique.

Lorsque la masse d'exercice est inférieure à l'assiette théorique, l'assiette effective est égale à la masse d'exercice (donc inférieure à l'assiette théorique).

Hypothèses	Assiette effective =
masse d'exercice > assiette théorique	assiette théorique
masse d'exercice < assiette théorique	masse d'exercice

B - La liquidation de l'usufruit

Il n'est plus nécessaire, comme avant la loi du 3 décembre 2001, de calculer l'assiette de l'usufruit comme pour les droits en pleine propriété. L'usufruit s'applique sur la masse de calcul telle qu'elle est déterminée pour le calcul des droits en pleine propriété, c'est-à-dire sur les biens existants, déduction faite des biens légués (art. 758-5, C. civ.). Dès lors, l'usufruit peut s'exercer sur les biens constituant la réserve d'un ou plusieurs héritiers.

2 • LA CONVERSION DE L'USUFRUIT

L'usufruit dont bénéficie le conjoint survivant peut être converti en capital ou en rente viagère.

La ***conversion de l'usufruit en capital*** nécessite simplement un accord entre le conjoint et les héritiers (art. 761, C. civ.). Il n'est pas possible de renoncer à cette possibilité de conversion et le prédécédé ne peut pas non plus lui-même priver les cohéritiers de cette faculté (art. 759-1, C. civ.).

En revanche, la ***conversion de l'usufruit en rente viagère*** est plus complexe tant dans son domaine, que dans ses modalités ou ses effets.

A - Le domaine de la conversion de l'usufruit en rente viagère

La conversion de l'usufruit en rente viagère peut concerner « *tout usufruit appartenant au conjoint sur les biens du prédécédé, qu'il résulte de la loi, d'un testament ou d'une donation de biens à venir* » (art. 759, C. civ.). Il n'y a plus de distinction entre l'usufruit légal et l'usufruit constitué par libéralité.

La conversion peut être demandée par chaque héritier nu-propriétaire mais également par le conjoint depuis la loi du 3 décembre 2001 (art. 759, al. 1er, C. civ.).

Une convention peut permettre une conversion portant seulement sur certains biens. En revanche, la conversion portant sur l'ensemble des biens ne peut être opérée que par voie judiciaire. Cependant, il n'est pas possible au juge d'« *ordonner contre la volonté du conjoint la conversion de l'usufruit portant sur le logement qu'il occupe à titre de résidence principale, ainsi que sur le mobilier le garnissant* » (art. 760, al. 3, C. civ.).

B - Les modalités de la conversion de l'usufruit en rente viagère

La conversion de l'usufruit en rente viagère peut s'opérer amiablement À défaut d'accord entre les parties, une intervention judiciaire est inévitable (art. 760, al. 1er,

C. civ.). Le juge se prononce sur le principe de la conversion, sur ses conditions puis sur les garanties du crédirentier.

C - Les effets de la conversion de l'usufruit en rente viagère

« *La conversion de l'usufruit est comprise dans les opérations de partage* » (art. 762, C. civ.) ; elle peut par conséquent être demandée jusqu'au partage définitif (art. 760, al. 1er, C. civ.).

La conversion n'est pas rétroactive, sauf stipulation contraire des parties (art. 762, C. civ. *in fine*).

Elle est susceptible de nullité pour vice du consentement (art. 887, C. civ.).

BIBLIOGRAPHIE

BOITELLE (A.), « Les droits légaux en usufruit du conjoint survivant : sur quels biens ? », *JCP* N 2003, 1435.

JUBAULT (Ch.), « L'exercice de l'usufruit *ab intestat* du conjoint survivant (le retour de la masse d'exercice ». *Dr. Famille* 2003, Chron. 24.

ZALEWSKI (V.), « L'imputation des libéralités faites au conjoint survivant sur ses droits légaux : un retour au droit antérieur à la loi du 3 décembre 2001 », *Defrénois* 2007, art. 38638.

TITRE 3

Les successions particulières

Certaines situations particulières permettent de déroger aux règles traditionnelles de la dévolution successorale : il s'agit des successions vacantes, des successions en déshérence et des successions anomales.

CHAPITRE 10

Les droits de l'État sur la succession

La succession vacante et la succession en déshérence sont deux notions voisines mais la notion de « vacance » est plus large que celle de « déshérence ».

Les successions vacantes ou non réclamées sont celles que personne ne réclame : il n'existe aucun héritier connu ou bien tous les héritiers identifiés ont renoncé ou n'ont pas opté au terme d'un délai de 6 mois (art. 809, C. civ.). L'État, c'est-à-dire l'Administration des Domaines, doit gérer cette succession jusqu'à ce qu'un héritier se manifeste.

À la suite de cette vacance, la succession se trouve parfois en déshérence : lorsqu'il s'avère qu'il n'y a pas d'héritier, la succession est recueillie par l'État (art. 811, C. civ.). Lorsque la succession est en déshérence, il n'existe pas d'héritier à part l'État.

Le droit français veut toujours rattacher un patrimoine à une personne juridique. Il y a deux solutions possibles à cette absence d'héritiers :

- attribuer la succession à quelqu'un ;
- liquider le patrimoine, le faire disparaître.

Avant la loi du 23 juin 2006, le droit positif prévoyait deux situations :

- celle de la succession non réclamée pendant le délai pour faire inventaire et délibérer : ces successions devaient être administrées ;
- les successions vacantes : une curatelle à succession vacante était organisée.

Depuis le 1er janvier 2007, ces deux régimes sont unifiés. L'article 811 du Code civil prévoit le cas rarissime où il n'y a pas d'héritier : la succession est dite « en déshérence ».

1 • LES SUCCESSIONS VACANTES

Lorsqu'aucun héritier ne prend en charge la succession, la vacance de la succession exige l'ouverture d'une curatelle à succession vacante.

A - Les cas d'ouverture d'une curatelle à succession vacante

La succession est vacante dans trois cas (art. 809, C. civ.) :

- lorsqu'il ne se présente personne pour réclamer la succession et qu'il n'y a pas d'héritier connu ;
- lorsque tous les héritiers connus ont renoncé à la succession ;

- lorsque, après l'expiration d'un délai de six mois depuis l'ouverture de la succession, les héritiers connus n'ont pas opté, de manière tacite ou expresse.

B - Le fonctionnement de la curatelle à succession vacante

1) Les formalités d'ouverture

a) La nomination du curateur

Le tribunal de grande instance nomme un curateur qui ne peut être que l'État sous la forme de l'Administration des Domaines (art. 809-1, C. civ.). Il peut être saisi par :

- un créancier ;
- toute personne qui assurait, pour le compte de la personne décédée, l'administration de tout ou partie de son patrimoine ;
- toute autre personne intéressée ou encore par le Ministère public (art. 809-1, C. civ.).

L'ordonnance de curatelle fait l'objet d'une publicité (art. 809-1, al. 2, C. civ.) afin que les créanciers soient informés de la situation.

L'État est chargé uniquement de la gestion de la succession, ce qui permet d'une part de conserver la vocation successorale des héritiers qui viendraient finalement à se présenter, et d'autre part aux héritiers renonçant de révoquer leur renonciation pendant la durée de la prescription.

b) L'inventaire

Le curateur doit faire dresser un inventaire estimatif de l'actif et du passif successoral dès sa désignation (art. 809-2, C. civ.). L'inventaire est établi par un commissaire-priseur judiciaire, un huissier, un notaire, ou par un fonctionnaire assermenté appartenant à l'Administration chargée du Domaine.

Le curateur doit informer le tribunal de l'établissement de cet inventaire. Cet avis fait l'objet de la même publicité que la décision de curatelle.

Les créanciers et légataires de sommes d'argent peuvent, dès lors qu'ils justifient de leur titre, consulter l'inventaire, conservé par l'Administration des Domaines, et en obtenir copie. Ils peuvent également demander à être informés de tout inventaire complémentaire.

2) Le fonctionnement de la curatelle

a) Les pouvoirs du curateur

Les pouvoirs du curateur évoluent au fil de sa mission.

1. Le rôle du curateur lors de sa désignation

Dès sa désignation, le curateur (art. 810, C. civ.) :

- prend possession des valeurs et autres biens détenus par des tiers ;
- poursuit le recouvrement des sommes dues à la succession ;
- peut poursuivre l'exploitation de l'entreprise individuelle dépendant de la succession, qu'elle soit commerciale, industrielle, agricole ou artisanale ;

– consigne les sommes composant l'actif de la succession ainsi que les revenus des biens et les produits de leur réalisation après prélèvement des frais d'administration, de gestion et de vente. En cas de poursuite de l'activité de l'entreprise, le curateur ne consigne que les recettes qui excèdent le fonds de roulement nécessaire au fonctionnement de celle-ci.

Toutes les sommes provenant à un titre quelconque d'une succession vacante ne peuvent être consignées que par l'intermédiaire du curateur (art. 810, al. 4, C. civ.).

2. Le rôle du curateur dans les 6 mois suivant l'ouverture de la succession

Pendant les six mois qui suivent l'ouverture de la succession (art. 810-1, C. civ.), les pouvoirs du curateur sont limités. Il peut uniquement :

– procéder aux actes purement conservatoires ou de surveillance ;
– accomplir les actes d'administration provisoire ;
– vendre les biens périssables.

3. Le rôle du curateur à l'issue des 6 mois suivant l'ouverture de la succession

A l'issue des 6 mois de sa désignation, les pouvoirs du curateur sont étendus (art. 810-2, C. civ.) :

– il peut accomplir l'ensemble des actes conservatoires et d'administration ;
– il procède à la cession des actifs jusqu'à l'apurement du passif) ;
– il ne peut céder les immeubles que si le produit prévisible de la vente des meubles apparaît insuffisant ;
– il procède ou fait procéder à la vente des biens dont la conservation est difficile ou onéreuse, même lorsque leur réalisation n'est pas nécessaire à l'acquittement du passif. Dans l'objectif d'informer les créanciers, la vente doit faire l'objet d'une publicité (art. 810-3, al. 2, C. civ.). La vente doit avoir lieu sous les formes suivantes (art. 810-3, al. 1er, C. civ.) :
  • soit à l'amiable, par commissaire-priseur judiciaire, huissier ou notaire,
  • soit par adjudication, par le tribunal ; la vente par adjudication peut être imposée par un créancier (art. 810-3, al. 3, C. civ.). Si la vente par adjudication a lieu pour un prix inférieur au prix convenu dans le projet de vente amiable, le créancier qui a demandé l'adjudication est tenu, à l'égard des autres créanciers, de la perte qu'ils ont subie,
  • soit dans les formes prévues par le Code général de la propriété des personnes publiques pour l'aliénation, à titre onéreux, du domaine immobilier ou du domaine mobilier appartenant à l'État.

Selon l'article 810-6 du Code civil, « *Les pouvoirs du curateur s'exercent sous réserve des dispositions applicables à la succession d'une personne faisant l'objet d'une procédure de sauvegarde, de redressement ou de liquidation judiciaires* ».

b) Le paiement des créanciers

Les créanciers doivent déclarer leur créance au curateur (art. 809-3, C. civ.). Les créances non déclarées ne sont pas éteintes.

Le curateur doit établir un projet de règlement du passif. Avant d'élaborer ce projet, il ne peut payer que les dépenses urgentes c'est-à-dire les frais nécessaires à la conservation du patrimoine, les frais funéraires et de dernière maladie, les impôts dus par le défunt, les loyers et autres dettes successorales dont le règlement est urgent (art. 810-4, al. 2, C. civ.).

Seul le curateur peut procéder au paiement des créanciers de la succession. Il n'est tenu d'acquitter les dettes de la succession que jusqu'à concurrence de l'actif (art. 810-4, al. 1er, C. civ.).

Le curateur doit dresser un projet de règlement du passif qui doit organiser le paiement des créanciers dans l'ordre suivant (art. 810-5, al. 2 et 796, C. civ.) :

- les créanciers inscrits selon le rang de la sûreté assortissant leur créance ;
- les autres créanciers qui ont déclaré leur créance dans l'ordre des déclarations ;
- les légataires de sommes d'argent.

Ce projet fait l'objet d'une publication. Les créanciers qui ne sont pas intégralement désintéressés peuvent, dans le mois de la publicité, saisir le juge afin de contester le projet de règlement (art. 810-5, al. 3, C. civ.).

c) La reddition des comptes

Le curateur doit rendre compte de ses opérations au juge afin qu'il puisse vérifier que les créanciers ont été désintéressés équitablement. Le dépôt du compte fait l'objet de publicité (art. 810-7, al. 1er, C. civ.).

Le curateur doit également présenter le compte à tout créancier ou tout héritier qui en fait la demande (art. 810-7, al. 2, C. civ.).

Le curateur doit ensuite procéder à la réalisation des actifs subsistants. Pour cela, il doit être autorisé par le juge (art. 810-8, al. 1er, C. civ.). Le projet de réalisation est notifié aux héritiers connus (art. 810-8, al. 2, C. civ.). La réalisation ne peut avoir lieu qu'à l'expiration d'un délai de 3 mois pendant lequel les héritiers peuvent encore accepter la succession et s'opposer au projet de réalisation de l'actif.

Lorsqu'un créancier déclare sa créance postérieurement à la remise du compte, il ne peut prétendre qu'à l'actif subsistant (art. 810-9, al. 1er, C. civ.). En cas d'insuffisance de cet actif, il peut exercer un recours contre les seuls légataires qui ont été remplis de leurs droits (art. 810-9, al. 1er, C. civ. *in fine*).

La réalisation de l'actif subsistant s'opère de la même manière que les cessions d'actifs destinés à apurer le passif.

Le produit net de la réalisation de l'actif subsistant est consigné (art. 810-10, C. civ.). Lorsque des héritiers se présentent dans le délai de 10 ans pour réclamer la succession, ils ne peuvent exercer leur droit que sur ce produit.

Les frais d'administration, de gestion et de vente bénéficient d'un privilège général sur les meubles et immeubles de premier rang (art. 810-11, 2331 et 2375, C. civ.)

d) La fin de la curatelle

La curatelle prend fin (art. 810-12, C. civ.) :

- par l'affectation intégrale de l'actif au paiement des dettes et des legs ;
- par la réalisation de la totalité de l'actif et la consignation du produit net ;
- par la restitution de la succession aux héritiers dont les droits sont reconnus ;
- par l'envoi en possession de l'État.

2 • LES SUCCESSIONS EN DÉSHÉRENCE

A - Les hypothèses de successions en déshérence

Selon l'article 811 du Code civil, à défaut d'héritier c'est-à-dire lorsqu'une personne décède sans héritier ou que la succession est abandonnée, la succession est acquise à l'État.

B - L'envoi en possession

L'État est un successeur irrégulier qui doit se faire envoyer en possession par le tribunal (art. 811, C. civ. *in fine*). Lorsque cette formalité est accomplie, l'État est dans la même situation qu'un héritier saisi. De ce fait, un héritier renonçant ne peut plus révoquer sa renonciation pour accepter purement et simplement.

L'Administration des Domaines doit faire procéder à l'inventaire prévu en cas de succession vacante lorsque cela n'a pas été fait, dans les formes prévues par l'article 809-2 du Code civil c'est-à-dire par un notaire, un huissier, un commissaire-priseur judiciaire ou un fonctionnaire assermenté (art. 811-1, C. civ.).

L'État n'est pas le continuateur de la personne du *de cujus* : il recueille la succession *ultra vires*, dans la limite de l'actif.

C - La fin de la déshérence

« *La déshérence de la succession prend fin en cas d'acceptation de la succession par un héritier* » qui doit intervenir pendant le délai de prescription de 10 ans (art. 811-2, C. civ.).

En cas de non-respect des formalités qui lui incombent, l'État peut être condamné à des dommages et intérêts envers les héritiers qui se présenteraient (art. 811-3, C. civ.).

BIBLIOGRAPHIE

AUBERTIN (J.), *L'État héritier*, Thèse Paris, 1929.

CASSIN (R.), *La conception des droits de l'État en matière successorale dans les projets de Code civil suisse*, Thèse Paris, 1914.

GOSSE (J.), *De la vocation héréditaire de l'État*, Thèse Grenoble, 1941.

LEPROVAUX (J.), « Les successions vacantes et en déshérence », *Dr. Famille* 2006, Étude 57, p. 31, n° 5.

MAS (J.), *Les diverses conceptions juridiques des droits de l'État en matière successorale depuis le Code civil*, Thèse Bordeaux, 1928.

CHAPITRE 11

Les successions anomales

Les successions anomales sont également dénommées « droit de retour légal ».

Le droit de retour investit certains donateurs d'un droit de succession sur les biens qu'ils ont eux-mêmes donnés quand le donataire prédécède sans postérité.

Exemples

– il est permis dans une donation entre vifs de prévoir qu'elle sera résolue en cas de décès du donataire sans enfant : il s'agit d'un droit de retour conventionnel ;

– avant 1972, dans la famille naturelle, les frères et sœurs légitimes de l'enfant naturel adultérin avaient un droit de retour légal sur les biens reçus de leur auteur commun. Aujourd'hui, il n'est plus fait de distinction selon le mode d'établissement de la filiation.

Le droit de retour n'existe désormais que pour l'adopté simple, pour les collatéraux privilégiés ainsi que pour les père et mère.

1 • LE DROIT DE RETOUR DE L'ADOPTÉ SIMPLE

A - Les conditions du retour légal de l'adopté simple

1) *Les donateurs*

Le droit de retour légal s'applique en cas d'adoption simple au profit des parents adoptifs ou de leurs descendants (art. 368-1, al. 1er, C. civ.). De même, les biens que l'adopté avait reçus à titre gratuit de ses père et mère par le sang retournent à ces derniers ou à leurs descendants.

2) *Les gratifiés*

Le gratifié doit mourir sans postérité mais également sans conjoint survivant (art. 368-1, al. 1er, C. civ.).

Cette absence de postérité s'apprécie au jour du décès.

Les descendants du *de cujus* ne sont pris en compte que s'ils viennent à la succession c'est-à-dire s'ils ne sont pas renonçants ou indignes.

Le droit de retour légal suppose également que l'adopté a toujours son père et/ou sa mère adoptants ou adoptifs ou des descendants de ceux-ci.

B - Les effets

Les seuls biens faisant l'objet d'un retour légal sont ceux que le *de cujus* avait reçus à titre gratuit de ses père et mère et qui existent encore en nature dans la succession (art. 368-1, al. 1er, C. civ.).

Les biens concernés reviennent dans le patrimoine des ascendants dans l'état où ils se trouvent.

Le retour légal s'analyse en un droit de succession. Cependant, il crée une sorte de dualité de successions : « *le surplus des biens de l'adopté se divise par moitié entre la famille d'origine et la famille de l'adoptant* » (art. 368-1, al. 2, C. civ.).

2 • LE DROIT DE RETOUR DES COLLATÉRAUX PRIVILÉGIÉS

Selon l'article 757-3 du Code civil, « *Par dérogation à l'article 757-2, en cas de prédécès des père et mère, les biens que le défunt avait reçus de ses ascendants par succession ou donation et qui se retrouvent en nature dans la succession sont, en l'absence de descendants, dévolus pour moitié aux frères et sœurs du défunt ou à leurs descendants, eux-mêmes descendants du ou des parents prédécédés à l'origine de la transmission* ».

Il s'agit de faire revenir des biens de famille dans la famille d'origine. Il n'est pas distingué entre les biens meubles et les biens immeubles. Ces biens doivent avoir été reçus à titre gratuit. Le droit de retour porte sur la moitié seulement de ces droits, l'autre moitié étant destinée au conjoint.

Ce droit de retour n'existe qu'en cas de prédécès des père et mère du *de cujus* et en l'absence de descendants de ce dernier. En outre, il n'existe qu'en présence d'un conjoint survivant. Les bénéficiaires en sont les frères et sœurs du *de cujus* et leurs descendants à condition qu'ils ne soient pas utérins ou consanguins. Il doit s'agir de frères ou sœurs germains (art. 757-3 *in fine*, C. civ.).

L'article 757-3 du Code civil est supplétif de la volonté du *de cujus.* Il ne s'applique pas lorsque le défunt a aliéné ses biens de famille à titre gratuit ou onéreux ou s'il a disposé de ces biens par testament au profit du conjoint ou d'un autre légataire.

3 • LE DROIT DE RETOUR DES PÈRE ET MÈRE

Le droit de retour légal de l'ascendant donateur avait été supprimé en 1972 ; il est rétabli par la loi du 23 juin 2006 sous une forme différente : « *Lorsque les père et mère ou l'un d'eux survivent au défunt et que celui-ci n'a pas de postérité, ils peuvent dans tous les cas exercer un droit de retour, à concurrence des quotes-parts fixées au premier alinéa de l'article 738, sur les biens que le défunt avait reçus d'eux par donation* » (art. 738-2, al. 1er, C. civ.). La valeur de la portion des biens soumise au droit de retour sera imputée en priorité sur les droits successoraux des père et mère (art. 738-2, al. 2, C. civ.).

Ce droit de retour s'exécute en principe en nature, à défaut en valeur (art. 738-2, al. 3, C. civ.).

BIBLIOGRAPHIE

BLANCHARD (Ch.), « Le conflit du droit viager au logement du conjoint et du droit de retour légal des père et mère », *Defrénois* 2009, art. 39020.

BLONDEL (P.), *La transmission à cause de mort des droits extrapatrimoniaux à caractère personnel,* Thèse Dijon, 1969.

SOLEIL, *De l'exercice du retour légal quand les biens donnés ne se retrouvent plus en nature dans la succession,* Thèse Paris, 1931.

PARTIE 3

Le pouvoir de la volonté

La volonté du de cujus peut s'opposer à la dévolution légale de sa succession. Il peut ainsi gratifier des étrangers ou des membres de la famille au moyen de libéralités. Sa liberté n'est cependant pas totale ; elle est limitée par un certain nombre de règles et de principes qui constituent l'ordre public successoral.

TITRE 1

Les libéralités

L'article 893 du Code civil dispose que « *La libéralité est l'acte par lequel une personne dispose à titre gratuit de tout ou partie de ses biens ou de ses droits au profit d'une autre personne. Il ne peut être fait de libéralité que par donation entre vifs ou par testament* ».

La loi du 23 juin 2006 a accru les possibilités d'organiser la transmission de son patrimoine, notamment en créant les libéralités transgénérationnelles.

Il existe des règles communes à toutes les libéralités et des règles propres à chaque type de libéralité.

CHAPITRE 12

Les règles communes aux libéralités

La définition des règles communes à l'ensemble des libéralités impose que soit préalablement cernée la notion de libéralité. Ces règles communes concernent les conditions de validité des libéralités d'une part, les modalités et charges des libéralités d'autre part.

1 • LA NOTION DE LIBÉRALITÉ

La libéralité suppose l'existence d'une part d'un élément matériel, et, d'autre part d'un élément intentionnel.

A - L'élément matériel de la libéralité

La libéralité doit procurer un avantage objectif à son bénéficiaire, provoquant corrélativement un appauvrissement du patrimoine du donateur ou testateur. Il s'agit d'une condition indispensable pour que l'acte soit considéré comme étant accompli à titre gratuit. Ce critère est insuffisant dans la mesure où il peut exister un enrichissement d'un patrimoine corrélativement à l'appauvrissement d'un autre sans qu'une intention libérale existe, notamment lorsque la renonciation d'un héritier accroît la part d'un autre. La gratuité doit découler de l'absence de contrepartie du bénéficiaire.

B - L'élément intentionnel de la libéralité

L'élément intentionnel de la libéralité réside dans l'intention libérale, appelé également « *animus donandi* ». L'auteur de la libéralité doit avoir pour intention de gratifier le bénéficiaire, tout en s'appauvrissant. La jurisprudence considère que « *la volonté de donner ou de léguer est de l'essence des dispositions à titre gratuit* »[1]. Il s'agit effectivement d'une condition nécessaire pour caractériser la libéralité mais en aucun cas, d'une condition suffisante. Ainsi, il peut exister une intention libérale lorsque les charges d'une donation dépassent le montant de celle-ci.

---

1. Req., 27 janvier 1887, *DP* 1888, 1, 303.

2 • LES CONDITIONS DE VALIDITÉ DES LIBÉRALITÉS

Comme les autres actes juridiques, les conditions de validité des libéralités tiennent au consentement des parties, à leur capacité, à la cause et à l'objet de l'acte.

A - Le consentement

L'article 1108 du Code civil fait du consentement une condition de validité des conventions. Cette règle est applicable aux libéralités. Elle suppose qu'il n'existe ni insanité d'esprit, ni vice du consentement.

1) L'insanité d'esprit

L'article 901 du Code civil dispose que « *Pour faire une donation entre vifs ou un testament il faut être sain d'esprit* ».

Les régimes de protection, dont certains majeurs font l'objet, prévoient déjà cette règle ainsi que la nullité qui en est la sanction.

L'insanité d'esprit doit être entendue au sens de l'article 414-1 du Code civil c'est-à-dire qu'il peut s'agir aussi bien d'une altération durable que d'une altération temporaire dès lors que le trouble mental était de nature à exclure une volonté consciente et éclairée. Cette appréciation relève des juges du fond.

La preuve de l'insanité d'esprit doit être rapportée par celui qui l'invoque. On applique aux libéralités la règle prévue à l'article 414-1 du Code civil. Elle peut être rapportée par tous moyens.

La sanction de l'insanité d'esprit au moment de l'acte est la nullité relative.

2) Les vices du consentement

Peuvent être retenus l'erreur, plus souvent le dol et la violence (art. 901, C. civ., *in fine*).

La considération de la personne du bénéficiaire de la libéralité étant essentielle, sont prises en compte l'erreur sur l'identité ainsi que l'erreur sur les qualités du bénéficiaire dès lors qu'elles ont déterminé le consentement. L'erreur sur la substance est comprise largement par la jurisprudence, ce qui peut conduire à admettre l'erreur sur les motifs[2].

Le dol est fréquent en matière de libéralités. Il consiste souvent dans des manœuvres destinées à obtenir les faveurs d'une personne âgée ou malade en vue d'une captation de son héritage. Le dol consiste en des manœuvres qui ont été la cause déterminante de la libéralité. Elle peut émaner d'un tiers, ce qui constitue une exception au principe posé par l'article 1116 du Code civil.

La violence trouve son application dans des conditions conformes au droit commun. Cependant elle semble être prise en compte par la jurisprudence plus facilement lorsqu'elle porte sur un acte à titre gratuit que lorsqu'elle concerne un acte à titre onéreux.

---

2. Civ. 1re, 2 mars 1977, *D.* 1977, IR, p. 294, *Gaz. Pal.*, 1977, 2, Panor. p. 225.

B - La capacité

Selon l'article 902 du Code civil, « *Toutes personnes peuvent disposer et recevoir soit par donation entre vifs, soit par testament excepté celles que la loi en déclare incapables* ».

Toute personne a la capacité de recevoir à titre gratuit mais doit avoir été conçue pour recevoir une donation, et être conçue à l'époque du décès du testateur pour recevoir un legs.

1) Les mineurs

a) La capacité du mineur à disposer à titre gratuit

En principe, les mineurs non émancipés ne peuvent faire des libéralités sauf dans deux cas :

- ils peuvent consentir des donations à leur conjoint par contrat de mariage à condition d'obtenir le consentement et l'assistance des personnes autorisant leur mariage (art. 1095 et 1398, C. civ.). Ces hypothèses sont par conséquent limitées ;
- le mineur parvenu à l'âge de 16 ans peut faire des legs dans la limite de la moitié de la quotité disponible (art. 904, al. 1er, C. civ.). S'il est appelé sous les drapeaux en temps de guerre, il peut disposer de la même quotité que s'il était majeur, en faveur d'un ou de plusieurs parents jusqu'au 6e degré ou encore en faveur de son conjoint survivant (art. 904, al. 2, C. civ.). À défaut de parents au sixième degré inclusivement, le mineur pourra disposer comme le ferait un majeur (art. 904, al. 4, C. civ.).

b) La capacité du mineur à recevoir à titre gratuit

Le mineur est frappé d'une incapacité d'exercice à recevoir des libéralités. Il est nécessaire que son représentant légal accepte la libéralité.

2) Les majeurs protégés

La capacité des majeurs protégés a été améliorée par la loi du 5 mars 2007.

a) La capacité du majeur protégé à disposer à titre gratuit

Le majeur en ***tutelle*** peut faire des donations à condition d'être autorisé par le juge ou par le conseil de famille, s'il a été constitué, et assisté ou au besoin représenté par son tuteur (art. 476, al. 1er, C. civ.). Le majeur sous tutelle peut faire un testament avec l'autorisation du juge des tutelles et sans intervention du tuteur c'est-à-dire sans assistance ni représentation (art. 476, al. 2, C. civ.).

Pour faire seul son testament, après ouverture de la tutelle, il doit obtenir l'autorisation du juge ou du conseil de famille s'il a été constitué, à peine de nullité, sans possibilité d'être représenté ou assisté par son tuteur (art. 476, al. 2, C. civ.). Le testament peut cependant faire l'objet d'une action en nullité pour insanité d'esprit.

Les majeurs en ***curatelle*** peuvent tester librement sous réserve des dispositions de l'article 901 du Code civil selon lesquelles il faut être sain d'esprit pour faire une libéralité (art. 513, al. 1er, C. civ.), et faire des donations avec l'assistance de leur curateur (art. 506, al. 2, C. civ.).

L'incapacité de disposer est sanctionnée par la nullité dans la mesure de l'excès (le legs est réduit) lorsque le mineur de plus de 16 ans a légué au-delà de la quotité permise, et par la nullité relative pour les autres incapacités.

b) La capacité du majeur protégé à recevoir à titre gratuit

Dans le cadre d'une ***tutelle***, le tuteur peut accepter seul une donation sans charge (annexe 1 du décret du 22 décembre 2008). L'acceptation d'une donation avec charge nécessite l'autorisation du conseil de famille (annexe 1 du décret du 22 décembre 2008).

L'acceptation d'un legs universel ou à titre universel relève des règles applicables à l'option successorale. Le tuteur peut accepter seul un legs à titre particulier non grevé de charges. S'il est grevé de charges, l'autorisation du juge, ou du conseil de famille s'il a été constitué, est nécessaire (annexe 1 du décret du 22 décembre 2008). La renonciation à un legs et la révocation d'une renonciation à un legs sont tous deux considérés comme des actes de disposition (annexe 1 du décret du 22 décembre 2008).

Le majeur en ***curatelle*** peut accepter seul les legs et donations qui lui sont consentis lorsqu'ils ne sont pas grevés de charge. S'ils le sont, il devra obtenir l'autorisation du curateur (art. 467, C. civ. et annexe 1 du décret du 22 décembre 2008). L'acceptation des legs universels ou à titre universel obéit aux mêmes règles que celles relatives à l'option successorale. La renonciation à un legs et la révocation d'une renonciation à un legs sont toutes deux considérées comme des actes de disposition (annexe 1 du décret du 22 décembre 2008).

C - L'objet

L'article 1108 du Code civil affirme la nécessité de l'existence d'un objet pour toutes les conventions. Cette règle s'applique aux libéralités. L'objet de la libéralité doit être déterminé ou du moins déterminable. L'objet de la libéralité doit également être licite comme le prévoit l'article 1128 du Code civil pour toutes les conventions.

La donation de biens à venir est en principe interdite mais la loi admet exceptionnellement l'institution contractuelle (cf. *infra*).

D - La cause

La cause des libéralités réside dans l'intention libérale[3]. Les conditions de validité du testament, telles que la cause, doivent être appréciées au jour où le testament est rédigé. Cette cause ne doit pas être illicite ou immorale.

---

3. Civ. 1re, 15 décembre 2010, *D.* 2011, Jur. P. 795, note E. Naudin, *AJ*, *RTD civ.* 2011, p. 165, obs. M. Grimaldi.

Pour aller plus loin

La cause de la libéralité entre concubins

Pendant longtemps, la jurisprudence a considéré que le mobile qui avait inspiré la libéralité d'un(e) concubin(e) à un(e) autre devait être examiné : si la libéralité avait pour but d'amener à la conclusion, au maintien ou à la reprise des relations, la cause était considérée comme illicite ou immorale et la libéralité annulable[4]. En 1999, un arrêt de la Cour de cassation a opéré un complet revirement de jurisprudence en décidant « *que n'est pas contraire aux bonnes mœurs la cause de la libéralité dont l'auteur entend maintenir la relation adultère qu'il entretient avec le bénéficiaire* »[5].

Les libéralités consenties à des enfants adultérins ou incestueux ont longtemps été également annulées pour cause illicite ; il est probable que l'on sanctionnait alors le caractère considéré comme immoral de la filiation. En effet, la paternité ou la maternité était la cause impulsive, déterminante. Ces solutions n'ont plus lieu d'être depuis la loi de 1972 proclamant l'égalité des filiations.

La cause doit être examinée de manière spécifique lorsque les libéralités sont grevées d'une charge. Dans ce cas, certaines sont admises, d'autres pas (cf. *infra*).

3 • LES CONDITIONS ET CHARGES DE LA LIBÉRALITÉ

Le disposant peut assortir sa libéralité de charges ou de conditions. La charge ou la condition permettra de respecter l'objectif poursuivi le disposant, par exemple assurer la conservation d'un bien dans la famille.

A - Les notions de condition et de charge de la libéralité

La distinction entre la charge et la condition n'est pas aisée.

1) La condition

La libéralité peut être assortie d'une condition, qui est un événement futur et incertain dont dépend l'existence même d'une obligation c'est-à-dire sa naissance ou son maintien. Elle peut être suspensive ou résolutoire.

Si la condition n'est pas exécutée, la libéralité est résolue de plein droit. Une révision judiciaire de la condition qui engendrerait des difficultés d'exécution est cependant possible (cf. *infra*).

---

4. Civ. 1re, 4 novembre 1982, *Bull. civ.* I, n° 319.
5. Civ. 1re, 3 février 1999, *D.* 1999, Jur. p. 267, rapp. X. Savatier et note J.-P. Langlade-O'Sughrue, *JCP* 1999, II, 10083, note M. Billiau et G. Loiseau, *RTD civ.* 1999, p. 364, obs. J. Hauser ; Ass. plén., 29 octobre 2004, *Defrénois*, 2004, art. 38073, p. 1732-1738, obs. R. Libchaber, *RTD civ.* 2005, p. 104, obs. J. Hauser.

2) *La charge*

La charge est une obligation pesant sur le gratifié. Elle peut être stipulée par le disposant à son propre profit, au profit d'un tiers ou au profit du bénéficiaire lui-même :

- lorsqu'elle est stipulée en faveur du disposant, la charge ne doit pas être supérieure au montant de la libéralité. Si c'est le cas, la qualification de libéralité est écartée ;
- lorsqu'elle est stipulée en faveur d'un tiers, il existe deux libéralités distinctes, l'une au profit du légataire ou donataire initial, l'autre au profit du tiers ; cette dernière constitue une libéralité indirecte ;
- lorsqu'elle est stipulée au profit du bénéficiaire, l'acte peut être qualifié de libéralité dès lors que la libéralité répond à l'intérêt du bénéficiaire.

B - Les conditions et charges non admises

Les conditions et charges ne doivent pas être impossibles, illicites ou immorales. L'article 1172 du Code civil prévoit la nullité d'une condition illicite, immorale ou impossible mais l'article 900 apporte une dérogation à ce principe puisqu'il dispose que « *dans toute disposition entre vifs ou testamentaires, les conditions impossibles, celles qui seront contraires aux lois ou aux mœurs, seront réputées non-écrites* ». Ce texte est applicable aux charges comme aux conditions. Cependant, la jurisprudence a utilisé la notion de cause impulsive et déterminante pour décider que la nullité de la cause entraîne celle de la libéralité si la condition a été la cause impulsive et déterminante de la libéralité[6].

Lorsque la charge consiste à frapper un bien d'inaliénabilité, cette clause est valable seulement si d'une part l'inaliénabilité est temporaire et d'autre part si elle est justifiée par un intérêt légitime. De plus, lorsque cette clause est valable, le bénéficiaire peut être autorisé en justice à aliéner le bien lorsque l'intérêt ayant justifié l'inaliénabilité a disparu ou lorsqu'un intérêt plus important l'exige. L'appréciation relève du pouvoir souverain des juges du fond.

Point Jurisprudence

Legs conditionné à la conversion religieuse et ordre public interne

Le testament qui conditionne un legs à la conversion religieuse de son bénéficiaire porte atteinte à l'ordre public interne

Civ. 1re, 21 novembre 2012, *D.* 2013, p. 990, note M.-Ch. Meyzeaud-Garaud, *JCP* 2013, 46, note F. Sauvage.

C - La révision des modalités et charges

Le bénéficiaire peut demander en justice la révision des conditions et charges grevant la libéralité « *lorsque, par suite d'un changement de circonstances, l'exécution en est*

6. Req., 3 juin 1863, *D.* 1863, 1, p. 429, *S.* 1864, 1, p. 269, *Grands arrêts* n° 249 ; Civ., 19 octobre 1910, *D.* 1911, 1, p. 403, *S.* 1911, 1, p. 207.

devenue pour lui extrêmement difficile, soit sérieusement dommageable » (art. 900-2, C. civ.).

La demande ne peut être faite que dix ans après le décès du disposant. Le gratifié doit rapporter la preuve de ses difficultés et justifier des diligences qu'il a faites dans l'intervalle pour exécuter ses obligations (art. 900-5, C. civ.). Si la révision est admise, une nouvelle demande ne peut être faite que dix ans après le jugement l'autorisant (art. 900-5, C. civ.).

L'article 900-4 du Code civil précise que le juge peut réduire en quantité ou périodicité les prestations grevant la libéralité, modifier l'objet en tenant compte de l'intention du disposant, regrouper avec des prestations analogues résultant d'autres libéralités ou autoriser l'aliénation de tout ou partie des biens objet de la libéralité (art. 900-4, C. civ.).

BIBLIOGRAPHIE

BRAULT (J.-Cl.), « L'intention libérale dans les relations de famille », *Defrénois* 1998, p. 1425.

MORIN (G.), « Les clauses d'inaliénabilité dans les donations et les testaments », *Defrénois* 1971, art. 29982, p. 1185.

NICOD (M.), *Le formalisme en droit des libéralités,* Thèse Paris XII, 1996.

WICKER (G.), « Le nouveau droit des libéralités : entre évolution, révolution et contre-révolution », *Dr. et Patr.* mars 2007, p. 74.

WITZ (C.), « La révision des charges et conditions en matière de libéralités après la loi du 4 juillet 1984 », *D.* 1985, Chron. p. 101.

CHAPITRE 13

Les différentes formes de libéralités

La donation et le testament sont les deux formes principales de libéralités (art. 893, C. civ.) mais il en existe d'autres telles que les institutions contractuelles, les donations-partage ou les libéralités résiduelles, etc.

1 • LA DONATION

La donation est une libéralité faite entre vifs ; elle porte sur des biens présents ; elle constitue un acte de disposition entre vifs : « *La donation entre vifs est un acte par lequel le donateur se dépouille actuellement et irrévocablement de la chose donnée, en faveur du donataire qui l'accepte* » (art. 894, C. civ.). La donation est irrévocable (art. 894, C. civ.).

A - Les conditions de forme de la donation

1) Le principe du formalisme des donations

La donation est un contrat unilatéral qui doit répondre à un certain nombre de ***conditions***, notamment ***de forme***, exigées par la loi :

- ***la donation doit faire l'objet d'un acte notarié*** : la donation constituant un acte d'une certaine gravité pour le patrimoine du donateur, la réalité de sa volonté pourra ainsi être vérifiée par le notaire. La sanction de l'inobservation de cette exigence de forme est la nullité absolue, qui peut faire l'objet d'une action dans les 5 ans à compter de l'acte. La confirmation de l'acte par les héritiers est possible (le donateur ne peut confirmer l'acte nul ; art. 1339 et 1340, C. civ.) ;
- ***la donation doit faire l'objet d'une acceptation par le donataire*** avant le décès du donateur (art. 932, C. civ.) : l'acceptation doit être faite par acte authentique et de façon expresse. L'acceptation peut être contenue dans l'acte de donation lui-même ou dans un autre acte authentique accompli postérieurement devant le notaire. Cette acceptation doit être notifiée au donateur (art. 932, al. 2, C. civ.). La donation est un ***contrat*** dans la mesure car elle est subordonnée à l'acceptation de leur bénéficiaire : le disposant forme une offre sanctionnée éventuellement par l'acceptation du bénéficiaire.

2) Les exceptions aux exigences de forme de la donation

Par ***exception***, certaines donations échappent au formalisme exigé pour les donations.

a) Les dons manuels

Les dons manuels se réalisent par la remise matérielle (*traditio*) de l'objet de la donation, de la main à la main, par le donateur au donataire (même s'il peut s'agir d'un chèque ou du virement d'une somme d'argent). Le don manuel doit être réalisé entre vifs. La tradition peut se faire par l'intermédiaire d'un tiers. La cause du don manuel doit être l'intention libérale : le don manuel est irrévocable. Une déclaration fiscale doit être faite par le donataire (déclaration de don manuel).

b) Les donations déguisées

Les donations déguisées cachent des donations sous l'apparence d'un acte à titre onéreux, au moyen de l'utilisation du mécanisme de la simulation. Pour être valable, la donation déguisée doit respecter les conditions de forme de l'acte onéreux apparent ainsi que les conditions de fond de toute donation, notamment l'intention libérale.

c) Les donations indirectes

La donation indirecte est une donation réalisée au moyen d'un acte autre que la donation, par exemple une renonciation à un droit ou une remise de dette. Elle doit respecter les conditions de fond des donations, notamment l'intention libérale. L'acte qui réalise la donation indirecte, par exemple la remise de dette, doit respecter à la fois les conditions de fond et de forme qui lui sont propres.

B - Les conditions de fond de la donation

Les donations doivent respecter un certain nombre de conditions de fond ; leur contenu n'est pas libre :

- la donation ***ne doit pas porter sur des biens à venir***, sauf s'il s'agit d'une institution contractuelle (cf. *infra);*
- la donation est ***irrévocable*** : l'acte de donation ne peut contenir de clause portant atteinte au principe de l'irrévocabilité des donations, sous peine de nullité de la donation elle-même. Certaines clauses sont néanmoins compatibles avec l'irrévocabilité, comme la clause de réserve d'usufruit ou la clause de retour conventionnel.

2 • LE TESTAMENT

Le testament est défini comme « *un acte par lequel le testateur dispose pour le temps où il n'existera plus, de tout ou partie de ses biens qu'il peut révoquer* » (art. 895, C. civ.). Le testament est un acte juridique unilatéral dans la mesure où il est formé par la seule manifestation de volonté du testateur.

Le testament est un acte de disposition à cause de mort ; il porte sur des biens à venir.

Le testament est toujours révocable (art. 895, C. civ.).

A - Les règles de forme du testament

Le testament obéit à un formalisme strict qui veut notamment qu'il soit ***écrit*** (le testament verbal est exceptionnellement accepté par la jurisprudence, à condition notamment qu'il soit validé par les héritiers).

Il existe 3 formes de testaments auquel s'ajoute le testament en la forme internationale.

1) Le testament olographe

Le testament olographe est rédigé, daté et signé de la main du testateur lui-même (art. 970, C. civ.). Il n'est assujetti à aucune condition de forme. S'agissant d'un acte sous seing privé, les héritiers peuvent en contester l'écriture et la signature (art. 1324, C. civ.). Ce type de testament donne lieu à un important contentieux.

2) Le testament authentique

Le testament authentique est établi par 2 notaires ou un notaire assisté de deux témoins instrumentaires majeurs et capables. Sa force probante est importante : il fait foi jusqu'à inscription de faux relativement à ce que le notaire a pu lui-même vérifier (pour le reste, il a la force probante d'un acte sous seing privé).

Le testament est dicté par le testateur, écrit en français par le notaire lui-même ou un tiers qu'il requiert (l'écriture manuscrite n'est pas obligatoire). Le notaire donne ensuite lecture du testament à voix haute. L'acte est ensuite signé par le testateur, le ou les notaire et les témoins le cas échéant.

3) Le testament mystique

Le testament mystique est un testament secret, rédigé par le testateur ou un tiers et signé par le testateur. Il est ensuite remis sous enveloppe à un notaire qui dresse alors, sur cette enveloppe cachetée et scellée à la cire par ses soins, un procès-verbal (acte de suscription) relatant la date, le lieu et la description du pli en présence de deux personnes.

Le formalisme du testament mystique se situe à mi-chemin entre le testament olographe et le testament authentique. Il s'agit d'une forme de testament peu usitée.

4) Le testament en la forme internationale

Le testament en la forme internationale découle de la loi du 28 avril 1994, suite à la Convention portant loi uniforme sur la forme d'un testament international (Washington, 26 octobre 1973), entrée en vigueur le 1er décembre 1994.

Le testament en la forme internationale est un testament écrit par le testateur lui-même ou par un tiers, dans n'importe quelle langue, à la main ou par un procédé mécanique.

Le testateur doit déclarer devant un notaire et deux témoins qu'il s'agit bien de son testament et qu'il en connaît le contenu. Le notaire dresse alors une attestation.

B - Les règles de fond du testament

L'objet principal du testament est de ***régler la destination des biens composant le patrimoine du testateur*** au moment de son décès. Dans cet objectif, le testament comprend généralement des legs, qui ont pour effet de transférer un ou plusieurs biens du testateur au légataire. Les legs ne peuvent porter atteinte au montant de la réserve (cf. *infra ;* si le legs dépasse la quotité disponible, le légataire peut néanmoins le conserver à charge d'indemniser le ou les héritiers réservataires).

On distingue ***plusieurs types de legs*** :

- le ***legs universel*** : le testateur donne à une ou plusieurs personnes l'universabilité qu'il possède à son décès ou la quotité disponible (art. 1003, C. civ.) ;
- le ***legs à titre universel*** : le testateur lègue une quote-part des biens dont la loi lui permet de disposer (art. 1010, C. civ.) ;
- le ***legs particulier*** : le testateur lègue un ou plusieurs biens déterminés ou déterminables (art. 1014, C. civ.).

Le testament peut également désigner un ***exécuteur testamentaire*** qui sera chargé au décès d'exécuter les volontés du défunt.

Le testament peut également contenir des ***dispositions étrangères au sort du patrimoine du défunt***, par exemple des dispositions relatives aux funérailles, une reconnaissance de dette, la désignation du tuteur pour un enfant mineur ou la reconnaissance d'un enfant.

3 • LES AUTRES FORMES DE LIBÉRALITÉS

A - L'institution contractuelle

L'institution contractuelle n'est pas définie par les textes. Elle consiste en un acte par lequel le disposant, appelé instituant, dispose de tout ou partie de ses biens pour le temps où il n'existera plus, en faveur d'un bénéficiaire, l'institué, qui l'accepte (art. 1082 et s., C. civ.). Elle est en principe prohibée car elle constitue un ***pacte sur succession future***, sauf si elle est consentie par ***contrat de mariage*** par un tiers aux futurs époux ou par un futur époux à l'autre. Lorsque les institutions contractuelles sont consenties pendant le mariage, elles sont réciproques et prennent généralement la forme d'une « donation au dernier vivant ».

L'institution contractuelle est un acte de disposition à cause de mort ; il porte sur des biens à venir.

L'institution contractuelle est irrévocable lorsqu'elle est faite par contrat de mariage et révocable lorsqu'elle est accordée au cours du mariage. Ainsi, la « donation au dernier vivant » est révocable à tout moment par la seule volonté du disposant, c'est-à-dire de chacun des époux qui l'a consentie. Le divorce emporte révocation de plein droit de l'institution contractuelle dans les conditions fixées par l'article 265, alinéa 2 du Code civil.

L'institution contractuelle constitue un contrat dans la mesure où elle est subordonnée à l'acceptation de leur bénéficiaire : le disposant forme une offre sanctionnée éventuellement par l'acceptation du bénéficiaire.

B - La donation-partage

La donation-partage est un acte par lequel une personne ***partage sa succession de manière anticipée*** en transférant ses biens de son vivant à ses héritiers présomptifs. Elle consiste à la fois en une donation et en un partage. La loi du 23 juin 2006 a permis la donation-partage transgénérationnel qui permet de transférer les biens de la succession directement de l'ascendant aux petits-enfants ou arrières petits enfants, avec l'accord des descendants les plus proches en degrés (enfants).

C - Le testament-partage

Le testament-partage est un acte par lequel une personne peut effectuer un ***partage anticipé*** de sa succession entre ses héritiers, Le testament-partage produit les effets d'un partage. Il est rare en pratique.

Si, lors du décès, certains biens du *de cujus* n'ont pas été compris dans le testament-partage, ces biens seront répartis entre les héritiers lors du partage définitif.

Le testament partage peut être transgénérationnel.

D - Les libéralités graduelles et résiduelles

Les libéralités graduelles et résiduelles ont été créées par la loi du 23 juin 2006. Elles constituent des libéralités avec charge.

La ***donation graduelle*** comporte l'obligation pour son bénéficiaire de conserver les biens et droits qui en sont l'objet et de les transmettre à un autre gratifié, lors de son décès.

La ***donation résiduelle*** comporte seulement l'obligation pour le bénéficiaire de transmettre à son tour seulement ce qui restera des droits et obligations qui lui ont été transmis initialement.

BIBLIOGRAPHIE

CARBONNIER (J.), « Le statut des bijoux dans le droit matrimonial », *Rép. Gén. not.* 1950, art. 26885. « La notion de présent d'usage », *Rép. Gén. not.* 1955, p. 75.

DROSS (W.), « L'irrévocabilité spéciale des donations existe-t-elle ? », *RTD civ.* 2011, p. 25.

FEDDAL (C.), « La date dans le testament olographe », *JCP* 1989, I, 3423.

FLOUR (J.) et SOULEAU (H.), « Le testament olographe », *Defrénois* 1983, p. 354.

PETERKA, « Le nouveau visage des libéralités familiales au lendemain de la loi du 23 juin 2006 », *LPA* 9 novembre 2006.

SALINIÈRE (C.), « La réversibilité des donations », *RTD civ.* 2006, p. 21.

TITRE 2

Les limites au pouvoir de volonté

La volonté du *de cujus* n'est pas sans limite. Elle doit s'accommoder de la prohibition des pactes sur succession future ainsi que des dispositions relatives à la réserve héréditaire.

CHAPITRE 14

Les pactes sur succession future

La prohibition des pactes sur succession future a été affirmée dès le Code civil de 1804. Le pacte sur succession future est un acte juridique ayant pour objet des droits sur une succession qui n'est pas encore ouverte, cette succession pouvant être celle du cocontractant ou celle d'un tiers (art. 1130, al. 2, C. civ.). La justification de la prohibition des pactes sur succession future est essentiellement morale : elle vise à éviter qu'une personne souhaite la mort d'une autre. Elle a également pour objectif de préserver l'égalité des héritiers. Enfin, elle permet à l'intéressé de conserver jusqu'à sa mort sa liberté de tester.

Aujourd'hui, dans un souci d'organisation de la transmission du patrimoine et plus spécifiquement de l'entreprise, le principe de la prohibition des pactes sur succession future tend largement à s'atténuer. Ainsi, l'article 722 du Code civil dispose ainsi désormais depuis 2001 que « *les conventions qui ont pour objet de créer des droits ou de renoncer à des droits sur tout ou partie d'une succession non encore ouverte ou d'un bien en dépendant ne produisent effet que dans les cas où elles sont autorisées par la loi* ».

La loi du 23 juin 2006 a permis le pacte de famille, ce qui constitue un sérieux tempérament au principe de l'interdiction des pactes sur succession future.

Pourtant, quelques textes du Code civil rappellent cette ancienne prohibition :

- l'article 770 du Code civil prévoit que « *l'option ne peut être exercée avant l'ouverture de la succession, même par contrat de mariage* » ;
- l'article 1130, alinéa 2 du Code civil dispose qu'« *on ne peut cependant renoncer à une succession non ouverte, ni faire aucune stipulation sur une pareille succession, même avec le consentement de celui de la succession duquel il s'agit, que dans les conditions prévues par la loi* » ;
- l'article 1389 interdit aux parties à un contrat de mariage de conclure toute convention modifiant l'ordre successoral.

L'article 1600 prévoyait qu'on ne peut vendre la succession d'une personne vivante, même avec son consentement ; ce texte a été supprimé par la loi du 3 décembre 2001.

1 • LA NOTION DE PACTE SUR SUCCESSION FUTURE

Le législateur n'a jamais fourni de définition précise du pacte sur succession future dont la jurisprudence a par conséquent dû donner les critères :

- la plupart des définitions du pacte sur succession future font de celui-ci un contrat mais la jurisprudence a qualifié un acte unilatéral de pacte prohibé[1] ;
- la convention doit porter sur la succession d'une personne vivante. Si le pacte porte sur l'ensemble de la succession, il sera clair qu'il s'agit d'un pacte sur succession future. La Cour de cassation a décidé qu'il y a pacte sur succession future que le pacte porte sur un élément ou sur l'ensemble de la succession[2].

2 • LES CONVENTIONS INTERDITES

La convention est illicite car constituant un pacte sur succession future lorsqu'elle a pour objet des droits faisant partie d'une succession non ouverte, qu'il s'agisse de la succession du cocontractant ou de la succession d'un tiers :

- des enfants ne peuvent partager la nue-propriété des biens de leur père du vivant de celui-ci ;
- la jurisprudence considère que la clause de réversibilité d'usufruit constitue une donation de biens à venir mais la doctrine n'approuve pas toujours cette solution ;
- le fait pour une personne de donner un mandat à une autre personne en disant que le mandat sera valable après la mort constitue un pacte sur succession future (sous réserve des effets du mandat à effet posthume, cf. *infra*, Chapitre 16) ;
- la convention qui porte sur une succession non ouverte alors que les cocontractants ont cru que la personne était décédée serait valable faute d'intention mais la convention portant sur le patrimoine d'un absent présumé est valable ;
- une convention est nulle si son effet est de modifier l'ordre public des règles successorales.

3 • LES CONVENTIONS PERMISES

L'article 722 du Code civil, issu de la loi du 3 décembre 2001 dispose que « *Les conventions qui ont pour objet de créer des droits ou de renoncer à des droits sur tout ou partie d'une succession non encore ouverte ou d'un bien en dépendant ne produisent effet que dans les cas où elles sont autorisées par la loi* ». Ainsi, un certain nombre de mécanismes ne sont pas sanctionnés.

---

1. Civ. 1re, 17 mars 1987, *Bull. civ.* I, n° 97, *RTD civ.* 1987, p. 784, note Patarin.
2. Civ., 11 novembre 1845, *DP* 1846, 1, p. 25.

A - La promesse post mortem

Toute personne peut prendre des ***engagements qui ne seront exécutés qu'à l'ouverture de sa succession.*** Par suite, ne tombent pas sous le coup de la prohibition des pactes sur succession future les conventions dont l'exécution est retardée jusqu'à la mort d'une personne, dès lors qu'elles n'ont pas pour effet d'attribuer la succession elle-même ou un élément de celle-ci. Est ainsi valable la constitution d'une dot payable à la mort du constituant.

Un critère simple a été dégagé par la doctrine pour différencier le licite de l'illicite : si l'option pouvait être licite du vivant du promettant, même si elle ne l'avait pas été, il y avait promesse *post mortem,* donc validité, si elle ne pouvait l'être qu'après le décès du promettant, il y avait pacte sur succession future, donc nullité. Pendant longtemps, la jurisprudence semblait avoir consacré cette distinction. Finalement, la jurisprudence a, dans deux décisions, écarté la prohibition au sujet de promesses dont la levée n'était possible qu'après le décès du promettant au motif que la promesse faisait naître au profit du bénéficiaire un « *droit actuel pur et simple* » dont « *seule l'exécution était différée au jour du décès* » du promettant[3].

B - Les conventions permises pour des raisons familiales

Certaines combinaisons sont permises car elles constituent des arrangements de famille.

1) La dispense de rapport

L'article 843 du Code civil permet à une personne de consentir une libéralité à un héritier présomptif en le dispensant du rapport.

2) Le partage d'ascendant

Le « partage d'ascendant » ou « donation-partage » ou « testament-partage » est un acte par lequel un ***ascendant distribue et partage tout ou partie de sa succession entre ses descendants*** par donation ou testament en composant lui-même les lots qu'il attribue et en veillant à ce que chaque lot soit au moins égal à la réserve des attributaires (art. 1075 et s., C. civ.). Il est permis d'y inclure une renonciation au rapport ou à la réduction.

3) Les institutions contractuelles

Pour des raisons familiales, la loi autorise les institutions contractuelles. Il s'agit de la donation dont l'objet est constitué de ***biens à venir*** c'est-à-dire des biens composant une succession.

L'article 1092 du Code civil permet à quiconque de consentir de telles libéralités dans le contrat de mariage, aux futurs époux. Ce type de libéralité est possible entre époux et connue sous le nom de « *donation au dernier vivant* ».

---

3. Civ. 1re, 30 mai 1985, *Bull. civ.* I, n° 173, p. 155, *D.* 1986, Jur. p. 65, note Najjar ; Civ. 1re, 5 mai 1986, *JCP* 1987, II, 20851, note Barret, *RTD civ.* 1986, p. 391, obs. Patarin ; Civ. 1re, 9 juillet 2003, *Bull. civ.* I, n° 169, p. 132 ; Civ. 1re, 11 mars 2009, *RTD civ.* 2009, p. 557, obs. M. Grimaldi.

4) *La renonciation anticipée à la succession du conjoint*

Lorsque les époux présentent une demande de séparation de corps sur requête conjointe, ils peuvent inclure dans leur convention une renonciation aux droits successoraux que le Code civil leur reconnaît dans leurs successions respectives (art. 301, C. civ.).

5) *La clause commerciale*

La clause commerciale est la clause d'un contrat de mariage prévoyant « *qu'à la dissolution du mariage par la mort de l'un d'eux, le survivant a la* ***faculté d'acquérir ou, le cas échéant, de se faire attribuer dans le partage certains biens personnels du prédécédé****, à charge d'en tenir compte à la succession, d'après la valeur qu'ils ont au jour où cette faculté sera exercée* » (art. 1390, al. 1er, C. civ.). Depuis le 1er janvier 2007, cette stipulation peut prévoir la possibilité pour le conjoint survivant de se faire consentir un bail portant sur l'immeuble dans lequel l'entreprise attribuée ou acquise est exploitée (art. 1390, al. 2, C. civ.).

6) *La clause de tontine*

La clause de tontine permet à plusieurs personnes d'***acheter un bien en commun***. Il est stipulé que le bien n'appartient qu'au survivant. Pendant longtemps, la clause de tontine, appelée également clause d'accroissement, a été considérée par la Cour de cassation comme un pacte sur succession future. Cependant, dans un arrêt du 27 novembre 1977, confirmé le 11 janvier 1983[4], la Cour de cassation a considéré que cette opération était conclue sous condition (condition suspensive de survie du bénéficiaire) et qu'il s'agissait donc d'un contrat aléatoire.

7) *Les ventes à successible*

Les héritiers présomptifs peuvent renoncer à faire valoir la présomption selon laquelle constituent des donations déguisées les ventes à successible (art. 918, C. civ.) assorties d'une réserve d'usufruit ou d'un paiement sous la forme d'une rente viagère ou encore à fonds perdus.

8) *La renonciation à l'action en réduction en cas d'aliénation d'un bien objet d'une libéralité*

Lorsqu'un donateur a aliéné le bien objet de la donation avec l'accord du donateur et de tous les héritiers présomptifs, aucune action en réduction ne pourra être exercée contre les tiers détenteurs ; de même pour les biens légués lorsque les héritiers réservataires ont consenti à l'aliénation (art. 824, al. 2, C. civ.).

9) *La clause de réversibilité*

La clause de réversibilité d'usufruit n'est plus considérée comme un pacte sur succession future depuis un arrêt de la première Chambre civile de la Cour de cassation du 21 octobre 1997[5].

---

4. Civ. 1re, 11 janvier 1983, *Defrénois* 1983, art. 33114, note G. Morin, *D.* 1983, Jur. p. 501, note C. Larroumet, *JCP* 1984, II, 20127, note F. Boulanger, *JCP* N, 1983, II, p. 329, note Brochard, *JCP* 1984, II, 247, note Lemoine.
5. *Bull. civ.* I, n° 291, p. 196.

BIBLIOGRAPHIE

BONDUELLE (P.), « Le pacte de famille, enfin ! », *Dr. et patr.* n° 156, février 2007, p. 46.

COZIAN (M.), « La clause tontinière », *Dr. et patr.* 1994, n° 20, p. 22.

DEPONDT (A.), « Les applications du pacte tontinier », *Dr. et patr.* 1995, n° 25, p. 42.

GRIMALDI (M.), *La nature juridique de l'institution contractuelle,* Thèse Paris II, 1977.

LEVILLAIN, « La renonciation anticipée à l'action en réduction », *JCP* N, 2006, 1349.

CHAPITRE 15

La réserve et la quotité disponible

L'ordre public successoral limite la liberté de disposer à titre gratuit de la totalité de ses biens par l'institution de la réserve et de la quotité disponible. La réserve vise à protéger certains proches parents, les descendants et le conjoint survivant, afin de leur attribuer une part minimale du patrimoine du défunt. Depuis le 1er janvier 2007 (loi du 23 juin 2006), les ascendants en sont plus réservataires.

1 • LA NOTION DE RÉSERVE

La réserve est la part réservée aux descendants et/ou au conjoint survivant, à condition de venir à la succession, alors que la quotité disponible est la part dont le *de cujus* peut disposer librement.

A - La nature de la réserve

La réserve est la portion de ses biens dont une personne ne peut disposer à titre gratuit et qui ***reviennent à ses héritiers*** appelés les héritiers réservataires, s'ils l'acceptent. Il s'agit de « *la part des biens et droits successoraux dont la loi assure la dévolution libre de charge à certains héritiers dits réservataires s'ils sont appelés à la succession et s'ils l'acceptent.* » (art. 912, C. civ.). Si l'on s'en tient aux termes de l'article 912 du Code civil, la réserve peut être dite « ***pars hereditatis*** » c'est-à-dire qu'elle constitue une part de la succession en nature. Dans l'esprit du Code civil, la réserve constituait en effet une fraction de la succession qui devait revenir en nature à l'héritier. Cette caractéristique a été remise en cause par la loi du 23 juin 2006 dans la mesure le principe de la réduction en nature des libéralités a été remplacé par un principe de réduction en valeur (art. 924, C. civ.). La réserve constitue désormais un droit de créance au profit des héritiers réservataires. L'héritier réservataire est créancier d'une valeur et non d'un bien en nature.

La ***quotité disponible*** constitue le surplus des biens au-delà de la réserve dont le *de cujus* peut disposer à sa guise.

Lorsque le disposant outrepasse la quotité disponible, ses héritiers réservataires peuvent, à son décès, demander la réduction des libéralités excessives (cf. *infra*).

B - Les caractères de la réserve

La réserve était traditionnellement considérée comme collective et d'ordre public mais ces caractères tendent à s'atténuer.

1) Le caractère impératif de la réserve

Jusqu'à la loi du 23 juin 2006, la réserve était considérée comme d'ordre public mais l'admission de la renonciation anticipée à l'action en réduction pour atteinte à la réserve (cf. *infra*) a contribué à atténuer largement ce caractère. La donation-partage porte également atteinte au caractère impératif de la réserve, de même, par exemple, que la possibilité d'octroyer des libéralités hors part successorale ou en avancement de part successorale.

2) Le caractère collectif de la réserve

On considérait traditionnellement que la réserve était collective, c'est-à-dire qu'elle était collectivement transmise aux héritiers réservataires. Par conséquent, la renonciation ou l'indignité de l'un des héritiers réservataires conduisait à accroître la part des autres. Désormais, non seulement l'indigne et le renonçant peuvent être représentés mais en outre, si une ligne n'est pas représenté notamment parce que l'indigne ou au renonçant, la quote-part de réserve lui revenant disparaît.

2 • LES HÉRITIERS RÉSERVATAIRES

Les héritiers réservataires sont les descendants, à défaut le conjoint survivant (art. 913 et 914-1, C. civ.). Ils ne peuvent prétendre à la réserve qu'à certaines conditions.

A - Le cercle restreint des héritiers réservataires

1) Les descendants

Les descendants sont héritiers réservataires dans les conditions suivantes (art. 913, C. civ.) :
- quel que soit le degré ;
- quel que soit le mode d'établissement de la filiation ;
- les enfants incestueux n'ont la qualité de réservataire que dans une ligne puisque leur filiation ne peut être établie que d'un seul côté ;
- l'enfant adopté simplement n'est pas réservataire à l'égard des ascendants de l'adoptant (art. 368, C. civ.).

Point Jurisprudence

Adoption, représentation et réserve

Civ. 1re, 1er mars 1977 (*D.* 1977, 541, note J.-P. Donnier) : lorsque l'enfant adopté vient à la succession de ses grands-parents par représentation de son père ou de sa mère adoptive (qui étaient réservataires), il n'est pas considéré lui-même comme réservataire.

2) *Le conjoint survivant*

Le conjoint survivant (art. 914-1, C. civ.) n'était pas réservataire jusqu'à la loi du 3 décembre 2001. Il l'est désormais mais dans des cas limités, même si son sort a été largement amélioré par la loi du 23 juin 2006 :

- seul le conjoint successible au sens de l'article 732 est héritier réservataire, c'est-à-dire le ***conjoint non divorcé ;***
- le conjoint survivant a droit à une réserve d'***un quart*** lorsqu'il est appelé à la succession à défaut de descendants (entre 2001 et 2006 : à défaut de descendants et d'ascendants) ;
- à défaut de descendants, les libéralités consenties par le *de* cujus ne peuvent excéder ¾ des biens de la succession : le défunt ne doit pas pouvoir dépouiller le conjoint successible de tous droits successoraux au profit d'étrangers.

Les collatéraux ne sont pas héritiers réservataires.

Pour aller plus loin

La disparition de la réserve des ascendants

La loi du 23 juin 2006 a supprimé la réserve des ascendants et l'a remplacée par un droit de retour légal (cf. *supra*). La réserve était auparavant d'un quart par ligne (art. 914 ancien, C. civ.).

B - La nécessité de venir à la succession

Le bénéfice de la réserve impose que l'héritier doit être appelé à la succession et qu'il n'y ait pas renoncé.

La réserve bénéficie à l'héritier à plusieurs conditions :

- ***il doit être appelé à la succession :*** ainsi, en présence d'enfants du *de cujus*, les petits-enfants, bien que descendants du défunt, ne sont pas héritiers réservataires car ils ne sont pas appelés à la succession qui bénéficie à un descendant plus proche du défunt ;
- ***il ne doit pas être renonçant*** : l'héritier réservataire ne peut prétendre à sa part de réserve que s'il a accepté la succession ; la donation qui lui a été faite en avancement de part successorale ne peut s'imputer que sur la quotité disponible ;
- ***il ne doit pas être indigne*** : l'héritier indigne ne peut prétendre à une quelconque réserve. Lorsqu'il n'est pas représenté, il est apparemment comptabilisé pour le calcul de la réserve et de la quotité disponible. Lorsque tous les héritiers réservataires sont renonçants ou indignes, il n'y a plus de réserve : le disponible est formé par l'ensemble de la succession.

3 • LE TAUX DE LA RÉSERVE

La réserve d'un héritier est constituée par une quote-part de l'ensemble des biens du *de cujus*.

A - La quotité disponible ordinaire

La quotité disponible ordinaire est la quotité disponible dont le *de cujus* peut disposer au profit de quiconque.

1) Les descendants

Le taux de la quotité disponible varie selon le nombre d'enfants (art. 913, C. civ.).

Le taux de réserve est déterminé en fonction du nombre de souches sans distinguer s'il y a un ou plusieurs héritiers qui viennent de leur propre chef ou par représentation.

Nombre d'enfants laissés par le ***de cujus***	Taux de réserve	Taux de quotité disponible
1	1/2	1/2
2	2/3	1/3
3 ou +	¾	¼

La loi du 23 juin 2006 a créé un deuxième alinéa à l'article 913 du Code civil : « *L'enfant qui renonce à la succession n'est compris dans le nombre d'enfants laissés par le défunt que s'il est représenté ou s'il est tenu au rapport d'une libéralité en application des dispositions de l'article 845* » :

Cas où l'enfant renonçant est compté dans le nombre d'enfants laissés par le ***de cujus***	Cas où l'enfant renonçant n'est pas compté dans le nombre d'enfants laissés par le ***de cujus***
– l'enfant renonçant n'est pas représenté mais est astreint au rapport en application de l'article 845 – l'enfant renonçant est représenté	– l'enfant renonçant n'est pas représenté et n'est pas astreint au rapport en application de l'article 845

Lorsqu'il n'est pas représenté, l'indigne semble devoir être comptabilisé pour le calcul de la réserve et de la quotité disponible.

En cas de représentation successorale, les descendants d'une même personne ne comptent que pour une seule part de réserve.

La réserve se partage entre les souches ou à l'intérieur de chaque souche entre les descendants appelés. Un partage par tête et non par souche est effectué lorsque les descendants au-delà du premier degré viennent tous de leur chef à la succession (c'est-à-dire en cas de renonciation ou indignité de leurs auteurs respectifs).

2) Le conjoint survivant

L'article 914-1 du Code civil prévoit une réserve d'un quart de la succession pour le conjoint survivant à défaut de descendant. En l'absence des descendants, le conjoint a vocation à la totalité de la succession. Les legs ne peuvent dépasser trois quarts des biens de la succession (art. 914-1, C. civ.).

B - La quotité disponible spéciale entre époux

La quotité disponible spéciale entre époux est la ***quotité disponible dont le de cujus ne peut disposer qu'au bénéfice du conjoint***.

À défaut de choix exprimé par le disposant quant à l'option, le conjoint survivant dispose d'un choix entre 3 possibilités en présence de descendants du *de cujus*, (art. 1094-1, C. civ.) :

- *première possibilité :* quotité disponible spéciale = quotité disponible ordinaire ;
- *deuxième possibilité :* quotité disponible spéciale = 1/4 en pleine propriété + 3/4 en usufruit ;
- *troisième possibilité :* quotité disponible spéciale = la totalité en usufruit.

En présence d'enfants du *de cujus* issus d'une précédente union, l'article 1098 du Code civil permet de limiter les libéralités en pleine propriété : « *chacun des enfants qui ne sont pas issus des deux époux aura, en ce qui le concerne, sauf volonté contraire et non équivoque du disposant, la faculté de substituer à l'exécution de cette libéralité l'abandon de l'usufruit de la part de succession qu'il eût recueillie en l'absence de conjoint survivant.* ». Ce texte ne s'applique pas lorsque le conjoint survivant reçoit des libéralités en pleine propriété ou la quotité disponible de droit commun[1].

L'article 1094-1 du Code civil tel qu'il résulte de la loi du 3 décembre 2001 ayant donné lieu à des difficultés d'interprétation quant à la possibilité de cumuler quotité disponible ordinaire et quotité disponible spéciale (c'est-à-dire droits ***ab intestat*** et libéralités), la loi du 23 juin 2006 a précisé à l'article 758-6 du Code civil que « *Les libéralités reçues du défunt par le conjoint survivant s'imputent sur les droits de celui-ci dans la succession. Lorsque les libéralités ainsi reçues sont inférieures aux droits définis aux articles 757 et 757-1, le conjoint survivant peut en réclamer le complément, sans jamais recevoir une portion des biens supérieure à la quotité définie à l'article 1094-1.* ».

C - La combinaison des quotités disponibles

Le problème de la combinaison des quotités disponibles se pose lorsque le *de cujus* a consenti des libéralités à la fois à son conjoint et à d'autres personnes :

- la somme des libéralités ne doit pas excéder le disponible ordinaire, majoré de ce que lui apporte le disponible spécial ;
- chaque gratifié ne peut rien recevoir au-delà du disponible qui le concerne ;
- les libéralités consenties aux étrangers s'imputent exclusivement sur la quotité disponible ordinaire mais les libéralités consenties au conjoint peuvent s'imputer sur la réserve en usufruit[2].

---

1. Civ. 1re, 3 juin 1986, *D.* 1987, 33, note G. Morin, *JCP* 1997, II, 20891, note Rambure, *RTD civ.* 1997, 580, obs. Patarin.
2. Civ. 1re, 26 avril 1984, *Bull. civ.* I, n° 1401, *Defrénois* 1985, art. 33456, obs. G. Morin et 33565, obs. M. Grimaldi.

BIBLIOGRAPHIE

BOITELLE (A.), « L'articulation des droits légaux avec les droits conventionnels du conjoint survivant », *JCP* N, 2003, 1243, p. 528.

CATALA (P.), « Variations autour de la communauté universelle », in *Mélanges Huet-Weiller,* Presses universitaires de Strasbourg et LGDJ, 1994, p. 45.

DELMAS SAINT-HILAIRE (Ph.), « Quotité disponible entre époux : un plafond même après la loi du 3 décembre 2001 », *RJPF* 2003, n° 4/52.

GRIMALDI (M.), « La combinaison de la quotité disponible ordinaire et de la quotité disponible entre époux : revirement de jurisprudence (après Civ. 1re, 26 avril 1984) », *Defrénois* 1985, art. 33565.

HAUSER (J.) et DELMAS SAINT-HILAIRE (Ph.), « Les quotités disponibles et la loi du 3 décembre 2001 », *Defrénois* 2003, p. 739.

PERNEY, *La nature juridique de la réserve héréditaire,* Thèse Nice, 1976.

PARTIE 4

Le règlement successoral

La liquidation et le partage de la succession interviennent rarement dans un temps proche du décès du *de cujus.* Il est en effet nécessaire que les héritiers *ab intestat* décident d'accepter ou de renoncer à la succession. Selon s'ils sont légataires ou héritiers *ab intestat,* ils devront procéder de façon différente pour mettre en œuvre leurs droits. Entre l'ouverture de la succession et sa liquidation, la succession va être soumise au régime de l'indivision.

CHAPITRE 16

L'exercice des droits par les héritiers

Dès le décès du *de cujus,* la propriété du patrimoine héréditaire est transmise aux héritiers : les héritiers ont la ***saisine*** (art. 724, C. civ.). Les héritiers acquièrent immédiatement les droits héréditaires dans la mesure où il ne peut exister de droits sans titulaire. Il n'existe aucune formalité nécessaire à cette transmission.

Il convient de distinguer les successeurs saisis, qui sont habilités immédiatement à exercer les droits du *de cujus*, des héritiers non saisis, qui ne possèdent pas *de plano* cette prérogative. L'État n'a pas la saisine.

Le légataire universel bénéficie également de plein droit de la saisine lorsqu'il tient ses droits d'un testament authentique. Un envoi en possession, demandée auprès du tribunal de grande instance du lieu d'ouverture de la succession, est indispensable au légataire universel institué par testament olographe ou mystique.

1 • LES SUCCESSEURS SAISIS

A - La notion de saisine

Le Code civil ne définit pas la saisine. Elle peut être considérée comme l'***habilitation légale*** reconnue à l'héritier ou le cas échéant au légataire afin d'exercer les droits et actions du défunt sans avoir besoin de formalité préalable car il est le continuateur de la personne du défunt. Dès le décès de la personne, le successible devient héritier même s'il n'en a pas connaissance, ceci quelle que soit la succession et quel que soit l'héritier, régulier ou non. C'est au nom de ce principe que l'on se place au jour du décès pour savoir quelle est la vocation de chacun à la succession. Si la succession comprend des immeubles, une publicité foncière sera nécessaire.

La saisine est sans rapport avec la propriété des biens successoraux. La saisine a simplement pour effet d'***autoriser l'héritier à se mettre en possession de la succession et d'exercer les actions du défunt*** sans formalité préalable.

B - La transmission de l'hérédité

L'article 724 du Code civil donne la saisine aux héritiers désignés par la loi dans la succession *ab intestat.*

Dans la succession testamentaire, la saisine est accordée au légataire universel institué par testament authentique en l'absence de réservataires (art. 1006, C. civ.).

La notion d'acceptation tacite ressort du droit romain. On opposait les *heredes sui* aux *heredes volontari* :

- les « *heredes sui* » sont automatiquement héritiers ;
- les « *heredes volontari* » sont ceux que le défunt a gratifiés de façon particulière. La succession était en déshérence tant que le gratifié n'avait pas accepté la succession.

C - Les modalités de l'appréhension

L'article 724 du Code civil dispose que « *les héritiers désignés par la loi sont saisis de plein droit* [...] *L'État* [...] *doit se faire envoyer en possession* ».

Une distinction est désormais faite entre les héritiers et les successeurs irréguliers : l'État est désormais le seul successeur irrégulier.

En 1804, on distinguait les héritiers légitimes automatiquement saisis des biens et les héritiers irréguliers c'est-à-dire le conjoint survivant, l'État et les enfants naturels.

La loi du 26 mars 1896 avait accordé la saisine aux enfants naturels. L'ordonnance du 30 décembre 1958 l'a reconnu au conjoint survivant.

D - La preuve des droits de l'héritier

La preuve de la qualité d'héritier peut être nécessaire lorsque la succession est entre les mains d'un tiers. Lorsque le tiers sait qu'il est tiers détenteur, il doit faire la preuve de son droit. Si le tiers se prétend propriétaire, une action en justice sera nécessaire.

1) La preuve sur titre

Le Code civil ne prévoyait jusque-là aucun mode de preuve de la qualité d'héritier : la pratique notariale a mis en place certains procédés : acte de notoriété, intitulé d'inventaire, certificat de propriété ou attestation immobilière. La loi du 3 décembre 2001 a créé une section dans le Code civil consacrée à la preuve non contentieuse de la qualité d'héritier (art. 730 à 730-5, C. civ.). L'article 730, alinéa 1er du Code civil pose le principe selon lequel « *la preuve de la qualité d'héritier s'établit par tous moyens* ». Le Code civil privilégie l'acte de notoriété mais confirme l'existence d'autres modes de preuve.

a) L'acte de notoriété

L'acte de notoriété est dressé par le notaire à la demande d'un ou plusieurs ayant(s) droit, sur la déclaration d'au moins deux personnes ayant vocation à recueillir tout ou partie de la succession attestant de la qualité du successeur, légal ou testamentaire de tel ou tel individu. Il peut recueillir les déclarations de toute personne dont les dires paraîtraient utiles (art. 730-1, C. civ.).

Le notaire est tenu de contrôler, dans la mesure du possible, les déclarations sur la foi desquelles il dresse l'acte de notoriété. En l'absence de telles investigations, le notaire risquerait d'engager sa responsabilité.

L'acte de notoriété ***confère aux personnes qui y sont dénommées la qualité d'héritier apparent***. Il est fait mention de l'existence de l'acte de notoriété en marge de l'acte de décès. Il fait foi jusqu'à preuve contraire et jusqu'à ce que la personne qui se prévaut de la qualité d'héritier en apporte la preuve (art. 730-3, C. civ.). De ce fait, les tiers avec lesquels elle est appelée à traiter sont à l'abri des recours des héritiers réels qui se présenteraient ultérieurement.

L'acte de notoriété constitue le ***mode de preuve le plus usuel en matière successorale*** ; il est notamment délivré aux établissements bancaires afin de permettre aux héritiers d'appréhender les biens appartenant au défunt.

L'acte de notoriété prouve la qualité d'héritier jusqu'à preuve contraire.

b) L'intitulé d'inventaire

L'intitulé d'inventaire est un ***procès-verbal désignant les héritiers et leurs droits***. Il est dressé par le notaire en tête de l'inventaire de la succession.

L'inventaire de la succession n'est pas dressé par le notaire d'office mais sur réquisition des intéressés. Ultérieurement, il sera possible d'en délivrer des expéditions et des extraits, chaque fois qu'il y aura lieu de prouver à des tiers la qualité de successeur. Le notaire n'exprimant plus les déclarations d'autrui mais ses propres constatations, il doit vérifier soigneusement la qualité de successeur. L'intitulé d'inventaire n'est pas mentionné dans les nouvelles dispositions insérées dans le Code civil par la loi du 3 décembre 2001.

c) Le certificat de propriété et d'hérédité

Le certificat de propriété est délivré par le notaire, plus rarement par le juge d'instance ou le maire. L'officier public ***atteste le droit de propriété d'une ou plusieurs personnes sur des biens déterminés***. La compétence à l'effet de délivrer ce certificat appartient au notaire détenteur de la minute de l'acte ayant trait à la propriété du bien. La production d'un certificat de propriété permet la remise aux héritiers des titres nominatifs (rentes sur l'État, actions, obligations émises par les sociétés). Son usage a été également étendu à la plupart des cas de remboursement ou de paiement de sommes dont les caisses publiques sont dépositaires. Ce mode de preuve a été validé par la loi du 3 décembre 2001 (art. 730, al. 2, C. civ.), de même que les certificats d'hérédité, délivrés par le juge d'instance, qui attestent qu'il n'existe pas de bien soumis à publicité foncière, et que le défunt était marié ou non et soumis ou non au régime de communauté légale.

d) L'attestation notariée immobilière

Afin de donner une vue complète de la vie juridique d'un immeuble, toute transmission après décès d'un droit de propriété ou d'un droit réel immobilier à un ou plusieurs successeurs doit faire l'objet d'une publication au bureau des hypothèques.

Le document publié est une ***attestation notariée constatant la transmission qui s'est opérée de plein droit au profit de l'héritier*** désigné par la loi ou extrayant du testament le legs ayant l'immeuble pour objet.

La rédaction de cette attestation doit être requise par les héritiers dans les 6 mois du décès et la publication doit intervenir au plus tard dans les 4 mois suivant cette réquisition.

Pour aller plus loin

Certificat successoral européen

Le règlement (UE) n° 650/2012 du Parlement européen et du Conseil du 4 juillet 2012 relatif à la compétence, la loi applicable, la reconnaissance et l'exécution des décisions et l'acceptation et l'exécution des actes authentiques en matière de successions et à la création d'un certificat successoral européen (entrée en vigueur le 17 mai 2015) prévoit la création d'un certificat successoral européen qui permettra à l'héritier ou au légataire de faire-valoir son statut dans tous les États membres de l'Union européenne.

2) La preuve contentieuse : l'action en pétition d'hérédité

Lorsque certains éléments du patrimoine héréditaire sont détenus par des tiers, ceux-ci acceptent le plus souvent de les remettre à l'héritier saisi sur la seule preuve de sa qualité. Toutefois, le détenteur peut refuser de les restituer au motif qu'il est le seul titulaire légitime des droits afférents à ce bien : une action en justice est alors nécessaire. Sa nature varie selon la prétention invoquée :

- si le défendeur soutient que les droits relatifs aux biens qu'il détient ne font pas partie de l'hérédité, parce que lui-même les a acquis par convention ou usucapion, ce n'est pas le titre héréditaire du demandeur qui est en cause mais la qualité de titulaire de droit du défunt lui-même. L'héritier saisi dispose alors de toutes les actions qui appartenaient au défunt pour faire établir ou respecter son droit (actions possessoires et actions pétitoires) ;
- si, admettant que les biens dépendent de l'hérédité, le défendeur prétend les conserver en totalité ou en partie parce qu'il serait lui-même appelé à la succession, ce n'est plus la qualité de titulaire de droits du défunt qui est en cause, mais celle des titres héréditaires du demandeur et du défendeur. L'action en pétition d'hérédité permet alors d'établir lequel des deux est vraiment successeur.

Les actions possessoire et pétitoire ne présentant en la matière aucune originalité, l'action en pétition d'hérédité sera la seule étudiée.

a) La notion de pétition d'hérédité

La pétition d'hérédité est l'action par laquelle un successeur universel ou à titre universel, que son titre soit légal ou testamentaire, entend ***faire reconnaître sa qualité à l'effet de recouvrer tout ou partie du patrimoine successoral détenu par un tiers*** qui prétend avoir droit en la même qualité.

Pour aller plus loin

Action en pétition d'hérédité et action en partage

L'action en pétition d'hérédité se distingue de l'action en partage par laquelle l'un des héritiers demande sa part de la succession.

Néanmoins, elle entretient avec celle-ci des liens étroits. Ainsi, lorsqu'une personne se voit contester par les autres successeurs son droit de venir au partage et d'y participer pour une part aussi importante que celle à laquelle elle prétend, elle doit, préalablement au partage, établir ce droit. S'agissant alors non de provoquer le partage mais d'y être admis, le contentieux n'a pas pour objet l'allotissement mais la dévolution, c'est-à-dire que l'on se trouve en présence d'une pétition d'hérédité. De même, l'héritier qui demande la nullité du partage parce qu'il en a été omis doit, au préalable, faire établir par une pétition d'hérédité sa qualité si celle-ci est contestée.

L'action en pétition d'hérédité n'est aujourd'hui prévue par aucun texte du Code civil.

b) L'exercice de l'action en pétition d'hérédité

1. La nature de l'action en pétition d'hérédité

La compétence du tribunal de grande instance du lieu d'ouverture de la succession est aujourd'hui indiscutée.

La prescription de l'action en pétition d'hérédité est incertaine, de même que le point de départ du délai de prescription : 5 ans (art. 2224, C. civ., si l'on considère qu'il s'agit d'une action personnelle) ou 30 ans (art. 2227, C. civ., s'il l'on considère qu'il s'agit d'une action immobilière).

2. Les titulaires de l'action en pétition d'hérédité

Le titulaire de l'action en pétition d'hérédité ne peut être qu'une ***personne appelée à la succession***. La pétition d'hérédité appartient aux seuls successeurs, peu importe qu'ils prétendent tenir leur titre de la loi ou d'un testament.

Tout héritier peut agir. L'exercice de l'action en pétition d'hérédité est simplement subordonné à la ***saisine***. Les successeurs non saisis devront avant de l'exercer obtenir l'envoi en possession ou la délivrance. La saisine est indivisible et virtuelle : en présence d'une pluralité de successibles appelés au même rang, chacun peut, si les autres restent inactifs, exercer la pétition d'hérédité pour le tout.

3. La preuve de la qualité d'héritier

Le demandeur doit établir la réalité du titre d'héritier qu'il invoque.

Si cette qualité prend sa source dans un ***testament***, il l'établira par la production de celui-ci, sauf à en démontrer la validité en cas de contestation.

S'il est ***héritier ab intestat***, il devra selon qu'il est époux ou parent par le sang, établir le mariage ou le lien de parenté l'unissant au défunt. Le conjoint survivant prouvera le mariage par la production de l'acte de mariage sauf en cas d'application de l'article 46 du Code civil (perte des registres de l'état civil). Quant aux parents par le sang, la logique exige qu'ils démontrent leur parenté avec le défunt en appliquant les règles de preuve propres à la filiation, aux différents maillons de la chaîne qui les relie.

La jurisprudence est peu exigeante : elle admet que la qualité d'héritier peut être prouvée dans ce cas par ***tous moyens***.

c) Les effets de l'action en pétition d'hérédité

1. Le demandeur échoue dans son action

Si le demandeur échoue dans son action, le propriétaire jusque-là apparent est consolidé dans ses droits par rapport au demandeur.

2. Le demandeur réussit dans son action

La réussite du demandeur dans son action emporte deux séries de conséquences :

- *Dans les rapports demandeur/propriétaire apparent*

La situation est analogue à celle qu'entraîne le succès d'une action en revendication :
- ***de bonne foi,*** le défendeur n'est comptable que des choses dont il s'est enrichi. Il conservera les fruits et ne répondra pas des détériorations subies par le bien. En cas d'aliénation, il ne devra que le profit qu'il en a retiré ;
- ***s'il est de mauvaise foi,*** il doit rendre l'héritage indemne et outre la restitution des fruits, il devra répondre des détériorations subies par le bien et devra, en cas d'aliénation, la valeur de la chose aliénée quel que soit le prix effectivement perçu.

Quant aux dépenses, le principe et l'étendue de leur remboursement dépendent non de la situation psychologique du défendeur mais de leur caractère nécessaire, utile ou au contraire voluptuaire.

- *Dans les rapports demandeur/sous-acquéreurs de l'immeuble*

En principe, les actes d'administration passés par le défendeur sont maintenus. Le maintien des actes de disposition se heurte à la règle selon laquelle nul ne peut transférer à autrui plus de droits qu'il n'en a lui-même. Ces tiers doivent restituer ce qu'ils ont reçu car le droit de leur auteur a été lui-même résolu. Néanmoins, en vertu des exigences de la sécurité juridique, cette obligation peut ne pas exister dans trois cas dans lesquels le droit positif ménage aux tiers de multiples moyens de défense :
- ***s'il s'agit de meubles*** : l'acquéreur *a non domino* de bonne foi d'un meuble corporel est protégé par l'article 2276 du Code civil (« *En fait de meubles, possession vaut titre* ») : celui qui de bonne foi a payé sa dette au possesseur de la créance l'est par l'article 1240 du Code civil ;
- ***s'il s'agit d'un immeuble*** : l'acquéreur *a non domino* d'un immeuble peut invoquer l'usucapion à condition que se soient écoulés, selon les cas, 10 ou 30 ans ;
- la jurisprudence applique la théorie de l'apparence dans l'hypothèse où ***le tiers a commis une erreur invincible sur la qualité de propriétaire du cédant***. Lorsqu'une personne passe à tort pour le véritable successeur du *de cujus* non seulement aux yeux de ses cocontractants mais aussi de ceux de la collectivité, elle est dite successeur apparent. Il existe des conditions à la mise en œuvre de cette théorie :
  - *conditions subjectives* : le tiers acquéreur doit être de bonne foi. Non seulement il doit avoir commis une erreur de fait ou de droit sur la qualité de successeur de son cocontractant mais encore cette erreur doit être commune et invincible. Il importe peu que l'héritier soit de bonne ou de mauvaise foi,

- *conditions objectives* : tous les actes d'administration et de disposition sont valables à condition qu'ayant un immeuble pour objet, ils aient été accomplis à titre onéreux et à titre particulier. De fait, les actes à titre gratuit ne méritent pas une protection particulière.

2 • LES SUCCESSEURS NON SAISIS

A - La détermination des successeurs non saisis

Avant la loi du 3 décembre 2001, n'avaient pas la saisine :
- l'État ;
- le légataire universel (= celui qui a vocation à recevoir l'intégralité du patrimoine du *de cujus*) institué par testament olographe (= écrit, daté et dactylographié par le testateur, signé par celui-ci, cacheté et confié avec témoins au notaire) ou mystique lorsqu'il n'existe pas d'héritier réservataire (art. 1006 et 1008, C. civ.) ;
- les légataires à titre universel (art. 1010 et 1011, C. civ.) (ils reçoivent une fraction du patrimoine) ;
- le légataire universel, quelle que soit la forme du testament, en présence d'héritiers réservataires (art. 1004, C. civ.) ;
- le légataire à titre particulier (il reçoit un bien particulier).

Le législateur refusait ainsi la saisine à la plupart des successeurs testamentaires.

Depuis la loi du 3 décembre 2001, les légataires et donataires universels peuvent bénéficier de la saisine sous certaines conditions. L'article 724 prévoyant cette nouvelle règle renvoie aux articles 1004 (délivrance de legs en présence d'héritiers), 1006 (saisine de plein droit en l'absence d'héritier) et 1008 (sous réserve de l'envoi en possession).

B - L'envoi en possession

L'envoi en possession est l'ensemble des formalités que le successeur saisi doit accomplir pour entrer effectivement en possession de ce qui lui revient.

1) L'envoi en possession des légataires

Les légataires doivent présenter une requête au président du tribunal de grande instance jointe à l'acte de dépôt du testament (art. 1008, C. civ.). Le président peut ordonner un inventaire, l'apposition de scellés ou la mise sous séquestre des biens. Il peut prendre des mesures de protection du légataire.

2) L'envoi en possession de l'État

L'État est représenté par l'Administration des domaines. Il doit faire apposer des scellés sur les biens de la succession et en dresser inventaire par acte notarié. Il demandera ensuite l'envoi en possession au tribunal de grande instance du lieu d'ouverture de la succession.

3 • LES EFFETS DE LA SAISINE

A - L'étendue des prérogatives

1) La prise de possession des biens

Le bénéficiaire de la saisine peut réclamer ce qui lui revient sans formalité sous réserve du paiement des dettes. La saisine est le droit d'***entrer en possession effective sans accomplir de formalités***. Elle permet d'***appréhender matériellement*** les droits de l'hérédité.

La saisine permet à l'héritier d'accomplir les actes d'administration, *a fortiori* les actes conservatoires. La saisine ne permet pas d'accomplir des actes de disposition à moins que l'héritier saisi ne soit propriétaire du bien objet de l'acte de disposition.

La saisine des héritiers par le sang évite de considérer la succession comme étant vacante.

Si le *de cujus* a souscrit une assurance-vie, les héritiers bénéficiaires de celle-ci doivent présenter à l'assurance un justificatif du fisc qui prouve qu'ils se sont acquittés des droits de leur successeur.

2) L'exercice des actions appartenant au défunt

Par l'effet de la saisine, l'héritier peut exercer les actions qui appartenaient au défunt. La saisine permet ainsi le recouvrement de sommes d'argent. Il permet également à l'héritier d'être défendeur face aux créanciers du *de cujus*.

B - Les caractères de la saisine

1) Le caractère individuel de la saisine

La saisine est attribuée à chaque héritier à titre individuel : ***chaque héritier a toute la saisine***. Au XIXe siècle, un projet de saisine collective a existé. L'intérêt résidait dans le cas où un héritier arrive à la succession mais la délaisse ; la saisine collective aurait permis par exemple au grand-père de l'obliger à prendre parti, c'est-à-dire à accepter ou non la succession.

2) Le caractère successif de la saisine

La saisine est successive : si l'héritier renonce, ***un autre viendra à sa place*** et aura la saisine au moment de la renonciation. La solution s'impose dans la mesure où une interprétation contraire contraindrait les héritiers de second rang à demander l'envoi en possession, ce que la loi ne prévoit pas.

Lorsque le successeur le plus proche demeure dans l'expectative, les successibles les plus éloignés peuvent appréhender l'hérédité ainsi que les actions relatives à celle-ci. On parle de saisine virtuelle. Si l'on déniait cette saisine virtuelle, on viderait sans doute de son contenu la possibilité d'acceptation conditionnelle qui leur est reconnue.

3) *Le caractère général de la saisine*

La saisine est générale quant à son objet ; elle s'applique à ***tous les biens de l'hérédité***, même légués.

4) *Le caractère indivisible de la saisine*

La saisine est indivisible : chaque héritier saisi peut ***accomplir des actes juridiques sur la totalité des biens héréditaires***.

Si une action civile, devant les juridictions répressives, avait été exercée par le *de cujus*, chacun des héritiers saisis pourra reprendre l'action pour sa totalité.

Le principe d'indivisibilité a une ***exception*** depuis 1804 : l'article 1220 du Code civil prévoit que les créances et dettes du *de cujus* se divisent automatiquement entre les héritiers.

5) *Le caractère d'ordre public de la saisine*

La saisine est d'ordre public, il n'est pas permis de la supprimer. Ainsi, le *de cujus* n'a pas la possibilité de priver un héritier légal de la saisine.

4 • L'ADMINISTRATION DE LA SUCCESSION PAR UN MANDATAIRE

La loi du 23 juin 2006 a créé un nouveau chapitre dans le Code civil consacré à la gestion de la succession par mandataire. Trois types de mandats peuvent être envisagés : le mandat à effet posthume, le mandat conventionnel et le mandat successoral désigné en justice.

A - Le mandat à effet posthume

1) *Les conditions du mandat à effet posthume*

Le mandat posthume consiste pour une personne à donner à une ou plusieurs autres personnes, physiques ou morales, qui peuvent être des héritiers, ***mandat d'administrer ou de gérer***, sous réserve des pouvoirs confiés à l'exécuteur testamentaire, ***tout ou partie de sa succession*** pour le compte et dans l'intérêt d'un ou de plusieurs héritiers identifiés (art. 812, al. 1er et 2, C. civ.).

Le mandat doit être donné et accepté en la forme authentique (art. 812-1-1, al. 3, C. civ.). Cette acceptation doit intervenir avant le décès du mandant (art. 812-1-1, al. 4, C. civ.).

2) *Le fonctionnement du mandat à effet posthume*

Le mandataire a pour mission d'***administrer ou gérer tout ou partie de la succession du mandant pour le compte et dans l'intérêt d'un ou de plusieurs héritiers*** (art. 812, C. civ.). Il agit sous réserve des pouvoirs de l'exécuteur testamentaire (art. 812, C. civ.).

Les articles 1984 à 2010 organisant le droit commun du mandat sont applicables au mandat à effet posthume.

En fin de mandat, le mandataire ***rend compte aux héritiers*** concernés ou leurs représentants de l'ensemble des actes accomplis chaque année ainsi qu'en fin de mandat (art. 812-7, al. 1er, C. civ.)

Le mandat est ***gratuit*** sauf stipulation contraire figurant dans le mandat (art. 812-3, C. civ.).

Sa durée ne doit pas excéder ***deux ans prorogeable une ou plusieurs fois*** par décision du juge, saisi par un héritier ou par le mandataire (art. 812-1-1, al. 2, C. civ.).

Le mandat prend fin (art. 812-4, C. civ.) :

- à l'arrivée du terme prévu ;
- à la dissolution judiciaire (absence ou disparition de l'intérêt sérieux et légitime, mauvaise exécution et mauvaise gestion) ;
- à la conclusion d'un mandat conventionnel entre les héritiers et le mandataire titulaire du mandat à effet posthume ;
- à l'aliénation de tous les biens concernés : les pouvoirs d'administration ou de gestion qui peuvent être conférés au mandataire posthume ne lui permettent pas de s'opposer à l'aliénation par les héritiers des biens mentionnés dans le mandat, laquelle constitue l'une des causes d'extinction de celui-ci[1] ;
- au décès ou à la mise sous mesure de protection du mandataire ou à la dissolution du mandataire personne morale ;
- à la renonciation du mandataire.

Pour aller plus loin

Les hypothèses de mandat à effet posthume d'une durée de 5 ans

La durée du mandat à effet posthume peut être fixée à 5 ans, prorogeable selon les mêmes modalités, lorsqu'il est donné en raison, soit :

- de l'incapacité ;
- de l'âge du ou des héritiers ;
- de la nécessité de gérer des biens professionnels (art. 812-1-1, al. 2, C. civ.).

Le mandat prend fin à la mise sous mesure de protection de l'héritier concerné (et du mandataire) ou par la conclusion d'un mandat conventionnel entre les héritiers et le mandataire titulaire du mandat à effet posthume.

Un même mandat donné pour le compte de plusieurs héritiers ne cesse pas entièrement pour une cause d'extinction ne concernant que l'un d'eux.

La renonciation du mandataire est notifiée aux héritiers ou à leurs représentants. Sauf convention contraire, elle ne prend effet qu'à l'issue d'un délai de trois mois à compter de cette notification (art. 812-6, al. 2, C. civ.).

1. Civ. 1re, 12 mai 2010, *AJ fam.*, 2010, 287, obs. Ch. Vernières, *RTD civ.* 2010, p. 602, obs. M. Grimaldi.

B - Le mandat judiciaire

Le juge peut désigner un mandataire successoral représentant l'ensemble des héritiers dans la limite des pouvoirs qui lui sont conférés.

1) *Les conditions du mandat judiciaire*

Le mandataire est désigné en raison (art. 813-1 et 813-5, C. civ.) :

- de l'inertie, la carence, la faute d'un ou de plusieurs héritiers dans l'administration de la succession ;
- de la mésentente des héritiers ;
- d'une opposition d'intérêts entre les héritiers ;
- de la complexité de la situation successorale.

Il existe un ***cas particulier*** : l'héritier qui accepte à concurrence de l'actif net peut demander au juge de désigner toute personne qualifiée à l'effet de le substituer dans la charge d'administrer et liquider la succession (art. 814-1, C. civ.). Cette demande n'a pas à être motivée. Elle est possible en toutes circonstances.

Le juge qui désigne le mandataire : il s'agit donc d'une « *représentation judiciaire* » et non pas d'un mandat conventionnel . La décision désignant le mandataire successoral est enregistrée et publiée (art. 813-3, C. civ.).

2) *Le fonctionnement du mandat judiciaire*

a) La désignation du mandataire judiciaire

Le mandataire peut être toute personne qualifiée désignée par le juge à la demande (art. 813-1, al. 2, C. civ.) :

- d'un héritier ;
- d'un créancier ;
- de toute personne intéressée ;
- du Ministère public.

Il peut s'agir d'une personne physique ou morale (art. 813-1, al. 1er, C. civ.).

b) Le rôle du mandataire judiciaire

Le mandataire a pour mission d'***administrer provisoirement la succession*** en raison de l'inertie, de la carence ou de la faute d'un ou de plusieurs héritiers dans cette administration, de leur mésentente, d'une opposition d'intérêts entre eux ou de la complexité de la situation successorale (art. 813-1, al. 1er, C. civ.).

Le mandataire administre provisoirement la succession et accomplit des actes purement conservatoires, de surveillance et d'administration provisoire de la succession (art. 813-4, C. civ.).

Dans la limite des pouvoirs qui lui sont conférés, le mandataire successoral ***représente l'ensemble des héritiers*** pour les actes de la vie civile et en justice (art. 813-5, C. civ.).

Le ***paiement*** fait entre les mains du mandataire successoral est valable (art. 813-5, al. 2, C. civ.).

Tant qu'aucun héritier n'a accepté la succession, le juge peut autoriser tout autre acte que requiert, dans l'urgence, l'intérêt de la succession. Il peut même d'office autoriser le mandataire successoral à dresser un inventaire dans les formes de l'article 789 (art. 813-4, C. civ.).

En cas d'acceptation pure et simple par un ou plusieurs héritiers et par d'autres à concurrence de l'actif, le juge peut également ***autoriser le mandataire*** à effectuer (art. 814, C. civ.) :

- l'ensemble des actes d'administration de la succession ;
- et à tout moment les actes de disposition rendus nécessaires pour la bonne administration de la succession, aux prix et stipulations qu'il détermine.

Le mandataire a l'obligation de (art. 813-8, C. civ.) :

- à tout moment, laisser les héritiers qui en font la demande, consulter les documents afférents à l'administration de la succession ;
- chaque année et à la fin de sa mission, remettre au juge et sur demande à chaque héritier un rapport sur l'administration de la succession.

Le mandataire agit sous réserve des pouvoirs d'un administrateur de l'indivision désigné en application de l'alinéa 3 de l'article 815-6, ou du mandataire posthume ou encore de l'exécuteur testamentaire (art. 813-2, C. civ.).

Les actes accomplis par le mandataire successoral dans le cadre de sa mission et visés à l'article 813-4 sont sans effet sur l'option héréditaire (art. 813-6, C. civ.).

c) La durée du mandat judiciaire

La durée du mandat est fixée par le jugement (art. 813-9, al. 1er, C. civ.).

Le mandat cesse de plein droit par l'effet (art. 813-9, al. 2, C. civ.) :

- d'une convention d'indivision ;
- de la désignation du notaire pour préparer les opérations de partage ;
- par décision du juge en cas de manquement caractérisé du mandataire dans l'exercice de sa mission.

C - Le mandat conventionnel

1) Les conditions du mandat conventionnel

Le mandataire peut être toute personne, qu'il soit héritier ou tiers (art. 813, al. 1er, C. civ.).

Le droit commun du mandat est applicable quant aux conditions de fond (art. 1984 à 2010, C. civ.) comme aux conditions de forme (art. 1985, C. civ.).

2) Le fonctionnement du mandat conventionnel

Le mandataire a pour mission d'***administrer la succession du défunt*** (art. 813, al. 1er, C. civ.). Conformément aux articles 1991 à 1997 du Code civil organisant le droit commun du mandat conventionnel, le mandataire a l'obligation d'accomplir le mandat et de rendre compte de sa gestion.

Le mandat est ***gratuit***, sauf convention contraire (art. 1986, C. civ.).

Le mandat peut être à ***durée déterminée ou indéterminée*** mais il ne peut être perpétuel.

Selon l'article 2003 du Code civil, le ***mandat cesse*** :
- par la révocation du mandataire ;
- par la renonciation de celui-ci au mandat ;
- par la mort, la tutelle des majeurs ou la déconfiture, soit du mandant, soit du mandataire.

BIBLIOGRAPHIE

CASEY (J.), « Le mandat à effet posthume », *Dr. Famille*, décembre 2006, p. 9 et s., « Les mandats de gestion de l'hérédité, commentaires de la réforme du droit des successions », *RJPF*, novembre 2006, p. 6 et s.

DAGOT, « De la preuve de la qualité d'héritier », *JCP* N, 2002, 1221.

DROSS (W.), « La saisine successorale », *Defrénois* 2004, art. 37913.

GRIMALDI (M.), « Le mandat à effet posthume », *Defrénois* n° 01/2007, art. 38509.

PÉRÈS (C.), « La prescription de la pétition d'hérédité : pour une intervention législative », *D.* 2011, Chron. p. 2416.

SAUVAGE (F.), « Les certificats d'hérédité », *JCP* N 2005, n° 51-52, 1507, p. 2114.

CHAPITRE 17

L'option successorale : principes généraux

La succession est acquise à l'héritier sans qu'il doive manifester sa volonté mais la loi n'entend pas imposer la succession à l'héritier. L'héritier doit faire un choix. L'option consiste à accepter la succession, à y renoncer ou à l'accepter sous bénéfice d'inventaire :

- *accepter purement et simplement :* la transmission est confirmée ;
- *renoncer :* l'héritier renonce le plus souvent lorsqu'il bénéficie d'une libéralité importante par avancement de part successorale car il peut alors conserver cette dernière ;
- *accepter à concurrence de l'actif net :* l'héritier est tenu de payer les dettes dans la limite de l'actif, ce qui pose la question de la réalité de la continuation de la personne du défunt.

L'héritier ne doit pas prendre partie sur une succession avant l'ouverture de la succession en application du principe de l'interdiction des pactes sur succession future, même si cette prohibition a été largement assouplie (cf. Chapitre 14), notamment avec la possibilité pour les héritiers réservataires de renoncer par anticipation à l'action en réduction (pacte de famille).

1 • LES ÉLÉMENTS DU DROIT D'OPTER

Le droit d'opter est un droit subjectif, potestatif (c'est-à-dire qui confère à son titulaire le pouvoir d'influer sur une situation juridique au moyen d'un acte unilatéral).

A - Les caractères de l'option

Le successible doit être maître de choisir l'option qui lui convient. Il existe un ***principe de liberté*** en matière d'option successorale. Chaque héritier peut prendre un parti différent, par exemple l'un peut renoncer alors que l'autre accepte purement et simplement.

La liberté de l'option connaît cependant certains tempéraments :
- en particulier pour les mineurs et majeurs protégés (cf. *infra*) ;
- l'héritier qui a commis un recel successoral n'a plus la liberté d'opter : il est considéré comme acceptant pur et simple (art. 792, C. civ.).

1) Le caractère discrétionnaire de l'option

Cette option est discrétionnaire et échappe donc au contrôle de l'abus de droit.

Si une succession est favorable aux créanciers de l'héritier et que le débiteur renonce, le créancier de celui qui s'abstient d'accepter une ***succession ou qui renonce peut être autorisés en justice à accepter*** la succession en lieu et place du débiteur par la voie de l'action oblique.

L'acceptation n'a lieu qu'en faveur des créanciers et dans la limite de leurs créances et sans autre effet à l'égard de l'héritier (art. 779, C. civ.).

2) Le caractère indivisible de l'option

Le droit d'opter est indivisible : il s'exerce à l'égard d'une succession ***pour sa totalité*** (art. 769, al. 1er, C. civ.) sous réserve du droit de retour légal. L'option du successible doit être la même pour tous les biens. Il ne peut accepter certains biens de la succession et renoncer aux autres. En raison de l'unicité de la succession, son option vaut pour la totalité de sa part et même à titre éventuel pour l'ensemble de la succession.

Toutefois, en cas de ***succession anomale (droit de retour)***, celle-ci étant indépendante de la succession ordinaire, le successible appelé aux deux successions peut prendre des partis différents pour chacune d'entre elles.

Lorsqu'un héritier *ab intestat* est institué ***légataire particulier*** et dans toutes les hypothèses où un héritier a plusieurs vocations successorales, il a, pour chacune d'elles, un droit d'option distinct (art. 769, al. 2, C. civ.).

Apportant une restriction non négligeable au caractère indivisible de l'option, la loi du 23 juin 2006 a permis au conjoint survivant ainsi qu'au légataire de ne recevoir qu'une partie des biens dont il a été disposé en sa faveur. Ce ***cantonnement*** est exclu lorsque le disposant a émis une volonté contraire ou lorsqu'aucun héritier désigné par la loi n'a accepté la succession (art. 1002 et 1094-1, al. 2, C. civ.).

3) Le caractère rétroactif de l'option

L'article 776 du Code civil dispose que « *l'option exercée a un effet rétroactif au jour de l'ouverture de la succession* ».

4) L'absence de vice du consentement

L'option n'est valable qu'en l'absence de vice du consentement : selon l'article 777, alinéa 1er du Code civil, « *L'erreur, le dol ou la violence est une cause de nullité de l'option exercée par l'héritier* ». L'action en nullité se prescrit par 5 ans à compter du jour où le dol a été découvert ou du jour où la violence a cessé (art. 777, al. 2, C. civ.).

B - Les titulaires du droit d'opter

Le droit d'opter est un droit individuel. S'il y a plusieurs héritiers, chacun d'eux peut prendre un parti différent. Le choix existe aussi bien pour les héritiers réguliers que pour les successeurs irréguliers tels que l'État.

2 • LES MODALITÉS D'EXERCICE DU DROIT D'OPTER

L'héritier doit établir un acte attestant de son choix dans un délai précis.

A - Les conditions de validité de l'acte de l'héritier

L'acte attestant de l'option de l'héritier est soumis aux conditions de validité des actes juridiques, notamment en matière de vices du consentement (art. 777, C. civ.) et de capacité (cf. *infra*). Peuvent être invoqués l'erreur, la violence et le dol. Les textes ne prévoient plus la prise en compte de la lésion.

En principe, l'option est irrévocable mais lorsqu'il s'agit de la renonciation, il est possible de le remettre en cause dans certains cas.

1) L'héritier vivant

a) Le mineur

1. Le mineur sous tutelle

Le conseil de famille, ou à défaut le juge, peut donner au tuteur la possibilité d'autoriser le mineur à accepter la succession purement et simplement mais il est nécessaire que l'actif dépasse manifestement le passif (art. 507-1, C. civ.). Le tuteur doit obtenir ces autorisations également pour renoncer à la succession ; il peut seul accepter la succession à concurrence de l'actif net.

2. Le mineur soumis à l'administration légale

Si l'administration légale est pure et simple, chacun des parents peut seul accepter à concurrence de l'actif net. L'acceptation pure et simple nécessite l'accord des deux parents tandis que la renonciation ne peut se faire qu'avec l'autorisation du juge des tutelles.

Si l'administration légale est sous contrôle judiciaire, seul l'acceptation à concurrence de l'actif net peut être faite par le seul représentant légal. La renonciation et l'acceptation pure et simple nécessitent l'accord du juge des tutelles.

b) Le majeur protégé

1. Le majeur sous tutelle

Lorsqu'un majeur est placé sous tutelle, le tuteur peut accepter seul uniquement à concurrence de l'actif net (art. 507-1, al. 1er, C. civ.) dans la mesure où il s'agit d'un acte d'administration.

Le tuteur peut accepter purement et simplement à condition d'une part que l'actif dépasse manifestement le passif (art. 507-1, al. 1er, C. civ.) et d'autre part d'en obtenir l'autorisation de la part du conseil de famille ou, à défaut, du juge des tutelles. Il ne peut donc y avoir d'acceptation tacite.

Le tuteur doit également obtenir ces mêmes autorisations pour renoncer une succession échue à la personne du majeur protégé (art. 507-1, al. 2, C. civ.).

2. Le majeur sous curatelle

Le majeur sous curatelle peut accepter seul à concurrence de l'actif net mais doit être assisté par son curateur en cas de renonciation ou d'acceptation pure et simple (annexe 1 de décret du 22 décembre 2008).

3. Le majeur sous sauvegarde de justice

Le majeur sous sauvegarde de justice conserve l'exercice de ses droits mais les engagements qu'il a contractés, tels que l'acceptation pure et simple, pourront être rescindés pour lésion.

2) L'héritier décédé

Lorsqu'un héritier est décédé, le droit d'option est recueilli dans l'hérédité par ses propres héritiers (art. 775, al. 2, C. civ.). Ils l'exercent séparément, chacun pour leur part.

B - Les conditions de délai

L'héritier ne peut opter avant l'ouverture de la succession en raison de la prohibition des pactes sur succession future.

1) Les principes généraux

a) La prescription

La loi du 23 juin 2006 a fixé le délai maximum pour opter à ***10 années à compter de l'ouverture de la succession*** (art. 780, al. 1er, C. civ.). La succession s'ouvre au décès ou en cas d'absence déclarée. En l'absence d'option dans le délai imparti, l'héritier est réputé renonçant (art. 780, al. 2, C. civ.) et ne peut plus opter. Celui qui se prévaut de sa qualité d'héritier alors que le délai se trouve expiré doit apporter la preuve que lui-même ou celui ou celle dont il tient cette qualité a accepté la succession avant l'expiration du délai imparti. Avant le 1er janvier 2007, le délai pour opter était de 30 ans.

Il existe cependant des exceptions à ce principe :

- lorsque l'héritier a laissé au conjoint survivant la jouissance des biens héréditaires, le délai ne court qu'à partir de l'ouverture de la succession du conjoint survivant (art. 780, al. 3, C. civ.) ;
- lorsque l'acceptation d'un héritier est annulée, la prescription ne court à l'égard de l'héritier subséquent qu'à compter de la décision définitive constatant la nullité (art. 780, al. 4, C. civ.) ;
- la prescription ne peut commencer à courir lorsque le successible a des motifs légitimes d'ignorer la naissance de son droit, notamment l'ouverture de la succession (art. 780, al. 5, C. civ.).

b) Le délai précédant l'option

L'héritier ne peut être contraint à opter avant l'expiration d'un délai de 4 mois à compter de l'ouverture de la succession (art. 771, al. 1er, C. civ.). En cas de renonciation ou d'indignité d'un héritier, le délai court à compter du jour où l'héritier subséquent a eu connaissance de la renonciation ou de l'indignité (art. 774, *in fine* C. civ.). Lorsque l'héritier décède avant d'avoir opté, ses héritiers ne pourront être sommés avant l'expiration du délai de 4 mois à compter de l'ouverture de la succession de l'héritier décédé (art. 775, al. 1er, C. civ.). Chaque héritier exerce alors l'option séparément, chacun pour sa part (art. 775, al. 2, C. civ.).

2) L'action interrogatoire

Avant la loi du 23 juin 2006, un héritier qui gardait le silence sur son option pouvait bloquer le règlement de la succession pendant la durée du délai de prescription de 30 ans. Seuls les créanciers successoraux avaient la possibilité de contraindre l'héritier à opter (art. 798 ancien, C. civ.) une fois expiré le délai de 3 mois et 40 jours pour faire inventaire et délibérer. Les héritiers conservent cette possibilité mais les cohéritiers, les héritiers de rang subséquent ainsi que l'État disposent désormais également d'une action interrogative leur permettant de ***sommer l'héritier de prendre parti*** (art. 771, al. 2, C. civ.). La sommation doit être effectuée par acte extra-judiciaire (art. 771, al. 2, C. civ.). L'héritier ne peut être contraint avant l'expiration d'un délai de 4 mois à compter de l'ouverture de la succession (art. 771, al. 1er, C. civ.).

Les créanciers personnels d'un héritier ne disposent pas de cette action mais ils peuvent, en application du premier alinéa de l'article 779 du Code civil, être autorisés en justice à ***accepter la succession du chef de leur débiteu***r, en son lieu et place lorsque celui-ci s'abstient d'accepter une succession ou renonce à une succession au préjudice de leurs droits.

En cas de sommation, l'héritier doit prendre partie dans les ***deux mois***. Il a la possibilité de solliciter un ***délai supplémentaire*** auprès du juge dans l'hypothèse où il n'a pas été en mesure de clôturer l'inventaire ou justifie de motifs sérieux et légitimes (art. 772, al. 1er, C. civ.). Le délai est alors suspendu à compter de la demande de prorogation jusqu'à la décision du juge saisi (art. 772, al. 1er, C. civ. *in fine*).

Si l'héritier n'opte pas dans le délai de deux mois ou le délai supplémentaire accordé, il est réputé acceptant pur et simple à l'égard de tous (art. 772, al. 2, C. civ.).

BIBLIOGRAPHIE

Binet (J.-R.), « La sécurisation de l'option successorale, entre conservation dynamique et innovations prudentes », *Dr. Famille* décembre 2006, n° spécial « Loi portant réforme des successions et des libéralités », Étude n° 55, pp. 18-23.

Gil (G.), « Du mandataire successoral désigné en justice », *RLDC* décembre 2007, art. 2800.

Mazeaud-Leveneur (S.), « La modernisation de l'option successorale », *JCP* N 2008, I, 1247.

Tisserand-Martin (A.), « Reflexions sur le régime de l'option successorale après la réforme du 23 juin 2006 », in *Mélanges G. Goubeaux,* p. 533.

CHAPITRE 18

L'option de l'héritier

L'héritier peut accepter purement et simplement la succession, l'accepter à concurrence de l'actif net ou y renoncer.

1 • L'ACCEPTATION PURE ET SIMPLE

L'héritier est le continuateur de la personne du défunt. Celui qui accepte la succession purement et simplement est tenu au-delà des forces de la succession, *ultra vires successionis*.

A - Les conditions de l'acceptation pure et simple

La validité de l'acceptation pure et simple est soumise à la fois à des conditions de forme et à des conditions de fond.

1) Les conditions de fond

L'acceptation pure et simple doit émaner d'une ***personne capable***.

Le consentement donné doit exister et être exempt de vices (art. 777, C. civ.). La sanction est la nullité relative. La doctrine traditionnelle considère que l'erreur ne peut être retenue comme vice du consentement que si elle porte sur la substance ou sur la portée de la renonciation. L'erreur sur la valeur ne peut être prise en compte que par le biais de la lésion. La renonciation ne peut être rescindée si l'on découvre qu'une succession apparemment déficitaire est en réalité positive.

2) Les conditions de forme

L'acceptation pure et simple peut être expresse, tacite ou forcée, en cas de recel successoral.

a) L'acceptation expresse

L'article 782 du Code civil dispose que l'acceptation est expresse *« quand on prend le titre ou la qualité d'héritier dans un acte authentique ou privé »*.

L'écrit est exigé pour la validité même de l'acte mais la notion d'écrit est comprise largement : seules sont exclues les déclarations verbales, car elles n'offrent pas les mêmes garanties de sérieux et de réflexion qu'un écrit. L'écrit peut par conséquent être un acte authentique, un acte sous seing privé, un acte judiciaire ou extra-judiciaire. Il est courant en pratique que l'héritier accepte dans l'intitulé d'inventaire ou dans l'attestation aux fins de publicité foncière.

Il n'est pas nécessaire que l'acte d'où résulte l'acceptation expresse ait été spécialement rédigé pour le constater. Cependant, lorsque tel n'est pas le cas, il doit être certain que s'y exprime une volonté non équivoque d'accepter. En cas de doute, les juges du fond apprécient souverainement l'intention.

b) L'acceptation tacite

L'acceptation est tacite quand l'héritier fait un acte qui suppose nécessairement son intention d'accepter et qu'il n'aurait le droit de faire qu'en sa qualité d'héritier acceptant. L'héritier accomplit un acte juridique ou matériel qui implique la volonté de se conduire en héritier pur et simple c'est-à-dire qui montre son intention d'accepter la succession.

La loi du 23 juin 2006 a multiplié les hypothèses d'actes considérés comme n'étant pas synonymes d'acceptation tacite. L'objectif du législateur vise notamment à protéger l'entreprise familiale qui peut être ainsi gérée par l'héritier dès le décès du *de cujus* sans que celui-ci soit contraint à prendre parti.

1. Les actes impliquant une acceptation tacite

Peuvent être analysés comme une acceptation tacite :

- l'héritier vend sa part successorale ou y renonce ;
- l'héritier dispose d'un élément de la succession ;
- l'héritier fait un acte que seul un héritier peut faire : dans cette hypothèse, l'héritier doit avoir eu l'intention d'accepter la succession.

L'article 783 du Code civil dispose dans son deuxième alinéa que constitue une acceptation pure et simple :

- la renonciation, même gratuite, que fait un héritier au profit d'un ou de plusieurs de ses cohéritiers ou héritiers de rang subséquent ;
- la renonciation que fait un héritier, même au profit de tous ses cohéritiers ou héritiers de rang subséquent indistinctement, à titre onéreux.

2. Les actes excluant une acceptation tacite

L'article 784 du Code civil précise que ne constituent pas une acceptation tacite, dès lors que le successible n'y a pas pris le titre ou la qualité d'héritier :

- les ***actes purement conservatoires ou de surveillance*** : le paiement des frais funéraires et de dernière maladie, des impôts dus par le défunt, des loyers et autres dettes successorales dont le règlement est urgent ; le recouvrement des fruits et revenus des biens successoraux ou la vente des biens périssables, à charge de justifier que les fonds ont été employés à éteindre les dettes entraînées par les frais funéraires et de dernière maladie, les impôts dus par le défunt, les loyers et autres dettes successorales dont le règlement est urgent ou ont été déposés chez un notaire ou consignés, l'acte destiné à éviter l'aggravation du passif successoral ;
- les ***actes d'administration provisoire*** c'est-à-dire les opérations courantes nécessaires à la continuation à court terme de l'activité de l'entreprise dépendant de la succession. La distinction entre acte d'administration provisoire et acte d'administration définitive pourra parfois se révéler délicate.

Lorsque l'héritier a accompli un acte portant sur un bien de la succession, il peut apporter la preuve de son absence d'intention d'accepter la succession par exemple en démontrant qu'il ignorait que le bien objet de l'acte faisait partie de la succession. Les juges devront rechercher la volonté réelle de l'héritier et disposent pour cela d'un large pourvoir d'interprétation.

Il est possible à un héritier de se faire autoriser par le président du tribunal de grande instance à faire un ou plusieurs actes justifiés par l'urgence sans pourtant accepter (art. 784, C. civ.).

c) L'acceptation forcée : le recel successoral

Selon la Cour de cassation, le recel successoral consiste dans toute manœuvre frauduleuse, toute fraude commise sciemment et qui a pour but de rompre l'égalité du partage, quels que soient les moyens employés pour y parvenir[1] (art. 778, C. civ.).

1. Les hypothèses de recel successoral

Les héritiers qui se sont emparés de biens de la succession sont obligés, comme sanction, à l'accepter. Le recel sanctionne une double atteinte : d'une part une atteinte à l'égalité dans le partage et d'autre part une soustraction des biens à l'action des créanciers.

▶ *L'élément matériel du recel successoral*

L'élément matériel du recel est constitué dans diverses hypothèses :

- en cas d'appréhension matérielle et clandestine d'un effet successoral ;
- lorsqu'un héritier qui détient un élément de la succession, omet de le révéler, par exemple lorsqu'il a fait l'objet d'une libéralité sans dispense de rapport et qu'il n'en fait pas mention ou lorsqu'il détourne des biens chez le défunt ou les dissimule lorsqu'il en avait la détention ;
- en cas de dissimulation d'une donation rapportable ou déductible ;
- en cas de dissimulation de l'existence d'un cohéritier (art. 778, al. 1er, C. civ.) ;
- lorsqu'une personne, sciemment et de mauvaise foi, se prévaut d'un acte de notoriété inexact (art. 730-5, C. civ.).

Interprétant largement la notion de recel, la jurisprudence analyse comme un recel ***toute fraude rompant l'égalité du partage*** quels que soient les moyens employés pour y parvenir.

Ces infractions s'appliquent aux dons manuels, aux donations déguisées ou aux donations indirectes soumises au rapport.

Le recel successoral peut résulter de manœuvres antérieures au décès.

Si en droit pénal, le ***repentir actif*** n'efface pas l'infraction, en droit civil, il a cette vertu : le receleur qui restitue spontanément avant d'être poursuivi ou qui fait cesser la situation qui aurait pu constituer un recel est absout.

▶ *L'élément psychologique du recel successoral*

Le recel nécessite une ***intention frauduleuse***. L'élément intentionnel doit résider dans un mobile particulier : ou bien celui de rompre l'égalité entre héritiers, ou bien de

1. Civ., 15 avril 1890, *DP* 1890, 1, p. 437.

frustrer les créanciers. Le recel ne peut être constitué que si un successeur vient au partage en concours avec d'autres. La bonne foi est toujours présumée.

2. La sanction du recel successoral

Pour être sanctionnée, l'auteur du recel doit être un héritier appelé à la succession et non un légataire particulier. Si l'héritier a été aidé par des complices héritiers, ils encourent eux-mêmes les peines de recel. Ne constituant pas une acceptation tacite mais une peine, l'attribution de la qualité d'héritier frappe le mineur et le majeur protégé dès lors qu'ils ont, en fait, le discernement requis.

L'auteur du recel est ***tenu d'accepter purement et simplement***. Il est déchu de la faculté d'accepter à concurrence de l'actif net ou de renoncer. De plus, il est privé de sa part dans les objets qu'il a détournés ou recelés mais il reste tenu du passif au prorata de sa vocation successorale initiale (art. 778, al. 2, C. civ.). L'héritier n'est privé de l'objet que dans la mesure de sa vocation successorale.

Point Jurisprudence

Le recel successoral commis par plusieurs héritiers

Lorsque plusieurs héritiers, par des manœuvres frauduleuses, divertissent des sommes d'argent dépendant d'une succession, elles doivent chacune être privées de la totalité des parts diverties, dans la mesure où chacune avait connaissance du recel commis par l'autre. Les héritiers sont condamnés indivisiblement lorsqu'ils commettent ensemble le recel.

Civ. 1re, 20 juin 2012, *D.* 2012, Chron. C. Cass., p. 2053, obs. B. Vassallo.

B - Les effets de l'acceptation pure et simple

1) Les effets généraux de l'acceptation pure et simple

L'acceptation pure et simple est ***irrévocable et rétroactive***. Une fois formulée, l'article 786 du Code civil interdit de la révoquer : « *Une fois héritier, toujours héritier* ». Il s'agit de l'un des rares actes unilatéraux qui ne peuvent être révoqués.

L'acceptation pure et simple est rétroactive ; son effet remonte au décès du *de cujus,* c'est-à-dire à l'ouverture de la succession.

L'héritier pur et simple est investi de tout le patrimoine c'est-à-dire de ***l'actif et du passif*** et doit régler le passif au besoin sur son patrimoine personnel (art. 785, al. 1er, C. civ.). Il est tenu au-delà des forces de la succession c'est-à-dire au-delà du montant de l'actif ; il est tenu *ultra vires.* Cependant, la loi du 23 juin 2006 apporte une nouveauté puisque l'héritier universel ou à titre universel n'est plus tenu indéfiniment sur ses biens personnels d'un legs de somme d'argent : « *il n'est tenu des legs de sommes d'argent qu'à concurrence de l'actif successoral net des dettes* » (art. 785, al. 2, C. civ.).

L'acceptant, s'il a reçu du *de cujus* une libéralité non dispensé de rapport, doit la rapporter à la masse successorale.

L'héritier dispose de l'action en pétition d'hérédité, qui lui permet de réclamer un bien héréditaire qui se trouve entre les mains d'un propriétaire apparent (Cf. Chapitre 16).

L'acceptant pur et simple protège l'actif de la succession et en règle le passif.

2) Le règlement du passif successoral

a) Le principe de la prise en charge du passif par l'héritier acceptant

L'acceptation pure et simple a pour conséquence d'obliger l'héritier aux charges et dettes de la succession : « *L'héritier universel ou à titre universel qui accepte purement et simplement la succession répond indéfiniment des dettes et charges qui en dépendent* » (art. 785, al. 1er, C. civ.). L'héritier acceptant est tenu *ultra vires successionis* c'est-à-dire au-delà des forces de la succession. Tenu au-delà de l'actif de la succession, il peut avoir à payer le passif de la succession au moyen de deniers qui ne font pas partie de l'actif de la succession.

Dans un premier temps, l'héritier acceptant est tenu du paiement des legs particuliers. En cas de pluralité d'héritiers, chacun paie au prorata de la part qu'il reçoit.

Le règlement du reste du passif est inorganisé ; il n'existe pas d'ordre des paiements.

b) Les atténuations à la charge passive

1. Le paiement des legs

En application de la loi du 23 juin 2006, l'héritier acceptant n'est plus tenu indéfiniment sur ses biens personnels des legs de sommes d'argent : il n'en est tenu qu'à concurrence de l'actif successoral net (art. 785, al. 2, C. civ.).

2. La découverte d'un passif inconnu

La loi du 23 juin 2006 a permis à l'héritier acceptant purement et simplement de demander au juge « *à être* ***déchargé en tout ou partie de son obligation à une dette successorale*** *qu'il avait des motifs légitimes d'ignorer au moment de l'acceptation, lorsque l'acquittement de cette dette aurait pour effet d'obérer gravement son patrimoine personnel* » (art. 786, al. 2, C. civ.). Il s'agit d'une mesure de protection de l'héritier qui pourrait être ruiné par l'obligation de payer une dette successorale découverte tardivement.

L'héritier acceptant peut obtenir la décharge de son obligation à trois conditions :

- l'héritier a des motifs légitimes de ne pas connaître cette dette successorale lors de l'acceptation ;
- l'acquittement de la dette aurait pour conséquence d'obérer gravement son patrimoine personnel (et non ses revenus). Le critère d'appréciation est le patrimoine de l'héritier au moment de l'ouverture de la succession ;
- l'action doit être introduite dans les 5 mois du jour où l'héritier a eu connaissance de l'existence et de l'importance de la dette.

Pour aller plus loin

Le partage de la dette en cas de pluralité d'héritiers

Lorsqu'il existe plusieurs héritiers acceptants, il convient de déterminer qui est tenu de payer la dette au débiteur qui en réclame le paiement (obligation à la dette) puis comment ce passif va être réparti définitivement entre les héritiers acceptants (contribution à la dette) :

- l'obligation à la dette : avant le partage, les créanciers antérieurs ou postérieurs à l'indivision peuvent demander le paiement pour le tout à chacun des cohéritiers ; après le partage, le principe est celui de la division de la dette entre les cohéritiers ;
- la contribution à la dette : l'héritier qui a payé au-delà de sa part a un recours contre les autres.

3) Le droit de préférence ou « séparation des patrimoines »

La séparation des patrimoines, qui revient à un droit de préférence, permet à certains créanciers de se prémunir contre une éventuelle insolvabilité de leur débiteur (l'héritier acceptant) résultant de la confusion des patrimoines du défunt et de celui de l'héritier.

La loi du 23 juin 2006 a apporté une importante innovation dans le domaine de la séparation des patrimoines : elle peut désormais bénéficier non seulement aux créanciers successoraux et légataires particuliers d'un somme d'argent ou d'une chose de genre mais également aux créanciers personnels de l'héritier.

a) La séparation des patrimoines demandée par les créanciers successoraux ou les légataires particuliers

1. Conditions

Les créanciers successoraux ainsi que le légataire particulier d'une somme d'argent ou d'une chose de genre bénéficient de longue date de la séparation des patrimoines. Les légataires universels ou à titre universels ne peuvent bénéficier de cet avantage, de même que les légataires particuliers d'un corps certain.

Le demandeur doit faire connaître à l'héritier son intention de bénéficier de ce privilège même si une décision en justice n'est pas nécessaire. Si la justice est saisie, la séparation des patrimoines sera de droit. Lorsqu'il désire faire valoir la séparation des patrimoines sur des biens immobiliers dépendant de la succession, il devra avoir recours aux formalités de la publicité foncière (la séparation des patrimoines doit être inscrite dans les 4 mois de l'ouverture de la succession au fichier immobilier, anciennement conservation des hypothèques).

Après 2 ans, la séparation des patrimoines ne peut plus être exercée sur les meubles (art. 881, al. 1er, C. civ.).

2. Effets

Dans ses relations avec les autres héritiers, celui qui invoque la séparation des patrimoines continue à être tenu *ultra vires.*

La séparation des patrimoines permet de conférer au créancier successoral un droit de préférence, qui ***permet au créancier d'exercer ses droits sur l'actif successoral prioritairement*** par rapport aux créanciers personnels de l'héritier. Ils subissent alors sur les biens personnels de l'héritier le concours des créanciers personnels qui ont invoqué le droit de préférence.

Le droit de préférence constitue l'un des privilèges spéciaux sur immeuble.

Le droit de préférence prend fin en cas de renonciation du créancier à celle-ci (art. 880, C. civ.).

b) La séparation des patrimoines demandée par les créanciers personnels de l'héritier

Les créanciers personnels de l'héritier bénéficient de la séparation des patrimoines depuis la loi du 23 décembre 2006.

1. Conditions

Le créancier personnel de l'héritier peut avoir intérêt à demander la séparation des patrimoines lorsqu'il craint que l'acceptation par son débiteur d'une succession déficitaire ne conduise celui-ci à l'insolvabilité.

2. Effets

Les créanciers personnels de l'héritier qui ont invoqué la séparation des patrimoines bénéficient d'un droit de préférence sur les biens personnels de l'héritier non recueillis au titre de la succession. Avant la loi du 23 juin 2006, les créanciers personnels de l'héritier subissaient systématiquement le concours des créanciers héréditaires sur les biens personnels de l'héritier et étaient donc primés par ces derniers sur les biens de la succession.

Pour aller plus loin

La prescription de la "séparation des patrimoines"

La « séparation des patrimoines » doit être demandée dans les délais suivants :
– à l'égard des meubles : dans les deux ans à compter de l'ouverture de la succession ;
– à l'égard des immeubles : tant qu'ils demeurent dans les mains de l'héritier.

2 • L'ACCEPTATION À CONCURRENCE DE L'ACTIF NET

Lorsqu'il accepte à concurrence de l'actif net, l'héritier ne paie le passif qu'à concurrence de l'actif recueilli (art. 787 à 803, C. civ.) : il n'est tenu qu'*intra vires successionis*. L'acceptation à concurrence de l'actif net se situe donc entre l'acceptation pure et simple et la renonciation. La loi du 23 juin 2006 a largement réformé l'acceptation à concurrence de l'actif net, appelée alors acceptation sous bénéfice d'inventaire.

Exemple

L'actif de la succession se monte à 2 500 euros et il existe un passif de 4 000 euros : l'héritier qui accepte à concurrence de l'actif net ne sera pas tenu de contribuer au passif au delà de 2 500 euros.

A - Les conditions de l'acceptation à concurrence de l'actif net

1) Les conditions de fond

a) Les conditions négatives

Les conditions négatives de l'acceptation à concurrence de l'actif net sont au nombre de trois :
– l'héritier ne doit pas avoir laissé passer le délai de 10 ans à l'issue duquel il sera réputé avoir renoncé (art. 780, al. 2, C. civ.) ;
– l'héritier ne doit pas avoir déjà accepté purement et simplement dans la mesure où cette acceptation est irrévocable ;

– l'héritier ne doit pas avoir déjà renoncé ; même s'il se rétracte, il devient acceptant pur et simple.

b) Les conditions positives

Le consentement doit être donné valablement soit par une personne capable, soit par le représentant légal pour un mineur ou majeur protégé.

Lorsque le ***mineur*** est sous tutelle, le tuteur peut seul accepter la succession à concurrence de l'actif net. Si le mineur est sous administration légale pure et simple, chacun des parents peut seul accepter à concurrence de l'actif net. Si l'administration légale est sous contrôle judiciaire, seul l'acceptation à concurrence de l'actif net peut être faite par le seul représentant légal.

Lorsqu'un ***majeur*** est placé sous tutelle, le tuteur peut accepter seul à concurrence de l'actif net (art. 507-1, al. 1er, C. civ.) dans la mesure où il s'agit d'un acte d'administration. Le majeur sous curatelle et le majeur sous sauvegarde de justice peuvent accepter seul à concurrence de l'actif net.

c) Le cas particulier de l'acceptation mixte

Lorsqu'un ou plusieurs héritiers acceptent la succession purement et simplement alors qu'un ou plusieurs autres ont accepté à concurrence de l'actif net, les règles de l'acceptation à concurrence de l'actif net sont applicables à tous les héritiers jusqu'au jour du partage (art. 792-2, al. 1er, C. civ.). Cette innovation créée par la loi du 23 juin 2006 permet aux créanciers d'une telle succession de provoquer le partage dès lors qu'ils justifient de difficultés dans le recouvrement de la part de leur créance incombant aux héritiers acceptant à concurrence de l'actif net (art. 792-2, al. 2, C. civ.).

2) Les conditions de forme

Un formalisme strict, précisé par la loi du 23 juin 2006, s'impose à l'héritier (art. 793 et 794, C. civ.). L'acceptation à concurrence de l'actif net ne peut être tacite (sauf dans le cas où certains acceptent purement et simplement et d'autres à concurrence de l'actif net puisqu'ils sont alors tous soumis à la procédure d'acceptation à concurrence de l'actif net).

Pour accepter sous bénéfice d'inventaire, l'héritier doit faire une ***déclaration au greffe du tribunal de grande instance*** du lieu d'ouverture de la succession (art. 788, C. civ.). Cette déclaration fait l'objet d'une publicité nationale au Bulletin Officiel Des Annonces Civiles et Commerciales (BODACC) qui peut être faite par voie électronique (art. 788, al. 2, C. civ.). Le décret du 13 décembre 2006 a exigé en outre une publication dans un journal local d'annonces légales. Ces dispositions visent à assurer une information rigoureuse des créanciers. Les majeurs sous curatelle ainsi que les mineurs sont dispensés de cette formalité alors que les majeurs sous curatelle doivent déclarer leur option.

Un ***inventaire précis des biens*** de la succession doit être établi. Celui-ci doit comporter une estimation article par article des éléments de l'actif et du passif (art. 789, al. 1er, C. civ.). Il est établi au moyen d'un acte authentique par un commissaire-priseur judiciaire, un huissier ou un notaire (art. 789, al. 2, C. civ.). L'inventaire ne doit plus obligatoirement être joint à la déclaration. Il peut être réalisé avant ou après la déclaration faite au greffe (art. 789, al. 1er, C. civ.) : il doit être déposé en même temps ou dans les deux mois de la déclaration (art. 790, al. 1er, C. civ.) mais l'héritier a la possibilité de demander un délai supplémentaire lorsqu'il justifie de motifs sérieux et légitimes qui retardent le dépôt de l'inventaire (art. 790, al. 2 C. civ.) ; le délai est alors suspendu à compter de la demande de prorogation. En l'absence de dépôt de l'inventaire dans le délai imparti, l'héritier est réputé acceptant pur et simple (art. 790, al. 4, C. civ.). Le même formalisme est exigé pour le dépôt de l'inventaire que pour la déclaration c'est-à-dire un enregistrement au greffe du tribunal de grande instance et une publicité nationale (art. 790, al. 3, C. civ.).

Il est possible aux créanciers successoraux et aux légataires de sommes d'argent, sur justification de leur titre, de consulter l'inventaire et d'en obtenir copie (art. 790, al. 5, C. civ.), ce qui permet notamment aux premiers de vérifier que leur créance figure bien à l'inventaire. Ces personnes peuvent demander à être informées de tout inventaire complémentaire (art. 790, al. 5, C. civ. *in fine*).

B - Les effets de l'acceptation à concurrence de l'actif net

L'héritier bénéficiaire reste le continuateur de la personne du *de cujus*. S'il y a un reliquat, il lui sera attribué. L'acceptation à concurrence de l'actif net a pour avantage d'éviter toute confusion entre les biens de la succession et les biens personnels de l'héritier.

1) La séparation des patrimoines

L'acceptation à concurrence de l'actif net permet d'***opérer automatiquement et collectivement la séparation des patrimoines***. Elle diffère cependant de celle qui peut être demandée dans le cadre de l'acceptation pure et simple. Contrairement à cette dernière, elle ne constitue pas un privilège et ne confère pas de droit de suite. La séparation des patrimoines a pour conséquence de mettre l'héritier à la tête de deux patrimoines distincts :

- l'héritier peut s'opposer à l'action des créanciers de la succession sur ses biens personnels ;
- si l'héritier était à la fois débiteur et créancier du défunt, aucune confusion ni compensation ne peut s'opérer ;
- l'héritier peut acquérir les biens de la succession vendus en dehors du partage ;
- l'héritier peut agir contre les biens de l'hérédité c'est-à-dire faire saisir les biens successoraux et se payer en priorité pour éviter le concours des autres créanciers de la succession...

L'article 2237 du Code civil prévoit néanmoins la suspension de la prescription extinctive des créances de l'héritier contre le défunt.

2) La déclaration de créance

La loi du 23 juin 2006 a créé une obligation de déclaration de créance (art. 792, C. civ.).

a) Le contenu de la déclaration de créance

Tous les créanciers de la succession, sauf ceux qui sont garantis par une sûreté réelle, doivent déclarer leur créance (art. 792, al. 1er, C. civ.), dans un délai de 15 mois, à compter de la publicité de la déclaration d'acceptation à concurrence de l'actif net au *BODACC* (art. 792, al. 2, C. civ.).

Cette déclaration permet de ***connaître l'étendue du passif de la succession***. Les créances dont le montant n'est pas encore définitivement fixé sont déclarées à titre provisionnel sur la base d'une évaluation (art. 792, al. 1er, C. civ. *in fine*).

b) Les effets de la déclaration de créance

1. Les créances non assorties de sûretés

Lorsqu'elles n'ont pas été déclarées dans le délai de 15 mois, les créances non assorties de sûretés sur les biens de la succession sont éteintes à l'égard de celle-ci (art. 792, al. 2, C. civ.). La dette se trouve alors également éteinte à l'égard des cautions et coobligés et personnes ayant consenti une garantie autonome portant sur la créance éteinte (art. 792, al. 2, C. civ. *in fine*).

2. Les créances assorties de sûretés

Lorsqu'une créance sur les biens de la succession est assortie de sûretés, celle-ci ne s'éteint pas en l'absence de déclaration dans le délai de 15 mois.

3) L'arrêt ou l'interdiction des voies d'exécution et inscriptions de sûretés

L'article 792-1 du Code civil prévoit dans son premier alinéa l'***arrêt ou l'interdiction de toute voie d'exécution et toute nouvelle inscription de sûreté*** de la part des créanciers, tant sur les meubles que les immeubles, à compter de la publication et dans le délai de 15 mois. Toutefois, pour l'application du dispositif d'acceptation à concurrence de l'actif net, sous réserve de signifier leur titre exécutoire aux héritiers, les créanciers saisissants sont considérés pendant la procédure de déclaration de créances comme titulaires d'une sûreté sur les biens et droits antérieurement saisis (art. 792-1, al. 2, C. civ.).

4) L'administration des biens successoraux

L'héritier a la charge de l'administration des biens de la succession (art. 800, al. 1er, C. civ.).

L'héritier bénéficiaire doit ***rendre compte*** de son administration, des créances qu'il paie ou des actes qui engagent les biens recueillis ou affectent leur valeur (art. 800, al. 1er, C. civ.).

L'héritier doit présenter le compte à tout créancier successoral qui en fait la demande (art. 800, al. 3, C. civ.).

L'héritier qui a omis, sciemment et de mauvaise foi, de comprendre dans l'inventaire des éléments actifs ou passifs de la succession ou qui n'a pas affecté au paiement des créanciers de la succession la valeur des biens conservés ou le prix des biens aliénés est déchu de l'acceptation à concurrence de l'actif net (art. 800, al. 4, C. civ.). Il est réputé acceptant pur et simple à compter de l'ouverture de la succession (art. 800, al. 4, C. civ. *in fine*).

En cas de mauvaise administration, l'héritier bénéficiaire est responsable des ***fautes graves*** d'administration (art. 800, al. 2, C. civ.).

5) *La liquidation de l'hérédité*

La liquidation suppose deux séries d'opérations.

a) *La réalisation de l'actif*

L'héritier a le choix de vendre ou de conserver les biens composant l'actif successoral.

Dans les deux cas, il doit accomplir certaines formalités.

1. La conservation du bien

S'il déclare conserver le bien, l'héritier doit faire une ***déclaration*** (art. 793, al. 1er, C. civ.), qu'il s'agisse d'un bien meuble ou immeuble dans le délai de 15 mois prévu pour la déclaration de créance. L'héritier déclare alors qu'il conserve en nature un ou plusieurs biens de la succession. Dans ce cas, il doit la valeur du bien fixé dans l'inventaire (art. 793, al. 1er, C. civ. *in fine*). Il s'agit d'une innovation de la loi du 23 juin 2006 : la vente amiable est désormais possible, ce qui permet à l'héritier de conserver un bien de la succession auquel il est particulièrement attaché, alors que l'acceptation sous bénéfice d'inventaire antérieure à la loi de 2006 l'aurait obligé à vendre l'actif pour payer le passif selon les règles des ventes publiques.

2. L'aliénation du bien

Les meubles et immeubles peuvent faire l'objet d'une vente.

Dès lors qu'il n'entend pas conserver un bien faisant partie de la succession, l'héritier doit faire une ***déclaration d'aliénation*** (art. 793, al. 2 et 794, C. civ.). Dans ce cas, il doit le prix de leur aliénation, même s'il est différent de la valeur figurant dans l'inventaire (art. 793, al. 2, C. civ.). La vente peut se faire de gré à gré sans autorisation préalable, qu'il s'agisse d'un bien meuble ou immeuble.

La déclaration d'aliénation ou de conservation doit être faite dans les 15 jours au tribunal, qui en assure la publicité (art. 794, al. 1er, C. civ.) selon les mêmes modalités que la décision d'acceptation à concurrence de l'actif net. En l'absence de publication, la déclaration de conservation n'est pas opposable aux créanciers (art. 795, al. 1er, C. civ.). À défaut de déclaration d'aliénation d'un bien dans les 15 jours impartis, l'héritier est engagé sur ses biens personnels à hauteur de l'aliénation (art. 795, al. 2, C. civ.).

Sans préjudice des droits des créanciers munis de sûretés, les seuls biens que les créanciers de la succession et les légataires de sommes d'argent peuvent saisir sont ceux qui n'ont été ni conservés ni aliénés selon les formalités décrites ci-dessus (art. 798, al. 1er, C. civ.). Quant aux créanciers personnels de l'héritier, ils ne peuvent poursuivre le recouvrement de leurs créances sur les biens autres que ceux qui ont fait l'objet d'une déclaration d'aliénation ou de conservation qu'à l'issue du délai de 15 mois prévu par l'article 793 du Code civil et après le désintéressement intégral des créanciers successoraux et des légataires.

Les créanciers successoraux disposent de plusieurs ***recours*** :

- possibilité de contester le prix ou la valeur du bien (art. 794, al. 2, C. civ.) ;
- action paulienne selon les modalités de l'article 1167 du Code civil ;
- possibilité de demander des dommages-intérêts à l'héritier en cas de faute de sa part ;
- possibilité pour les créanciers de demander la déchéance de l'acceptation à concurrence de l'actif net (art. 800, al. 4, C. civ.).

b) Le paiement du passif

1. L'ordre de paiement

L'héritier doit régler le passif de la succession (art. 796, C. civ.).

Il paye les créanciers privilégiés en fonction du rang de leur sûreté affectant le bien aliéné ou conservé.

Les créanciers non privilégiés, sont désintéressés dans l'ordre des déclarations, dès lors qu'ils ont déclaré leur créance.

Les legs de sommes d'argent sont délivrés après paiement des créanciers.

2. Les délais de paiement

L'héritier doit payer les créanciers dans les deux mois suivant (art. 797, C. civ.) :
- soit la déclaration par laquelle il entend conserver le bien ;
- soit le jour où le produit de l'aliénation est disponible.

C - La révocation de l'acceptation à concurrence de l'actif net

Pendant le délai de prescription du droit d'opter soit 10 ans, l'héritier peut révoquer son acceptation à concurrence de l'actif net en acceptant purement et simplement (art. 801 et 802, C. civ.). Cette acceptation rétroagit au jour de l'ouverture de la succession. En revanche, il ne lui est plus possible de renoncer à la succession.

3 • LA RENONCIATION

La renonciation est l'acte par lequel l'héritier qui est en principe saisi répudie ce titre d'héritier et la saisine (art. 804 à 808, C. civ.). Tout héritier qui n'a pas accepté tacitement ou expressément la succession a la possibilité d'y renoncer. L'héritier renonçant perd tout droit sur l'actif et est libéré de toute obligation au passif.

La renonciation a un double intérêt :
- lorsque le passif est supérieur à l'actif, l'héritier ne subit pas de perte financière ;
- la renonciation entraîne la dispense du rapport des libéralités.

A - Les conditions de la renonciation

1) Les conditions de fond

L'héritier ne peut renoncer s'il a recelé des biens ou des droits d'une succession ou dissimulé l'existence d'un cohéritier (art. 778, al. 1er, C. civ.) : ***l'auteur d'un recel ne peut renoncer***.

Tant que l'héritier n'a pas été condamné comme acceptant pur et simple, il peut renoncer.

La renonciation doit être ***gratuite et impersonnelle*** : si c'est une renonciation moyennant finance, il s'agit d'une cession de droits successifs.

La renonciation doit être ***pure et simple*** c'est-à-dire sans terme ni condition. Le délai de prescription du droit d'opter ne doit pas s'être écoulé (sous réserve d'une sommation de prendre parti, cf. *supra*).

Le consentement doit être donné ***valablement***. Il est soumis aux conditions de validité des actes juridiques. La volonté doit être constante et libre. Peuvent être invoqués l'erreur, le dol, la violence mais pas la lésion.

De plus, la renonciation ne doit pas être faite en fraude des droits des créanciers.

2) Les conditions de forme

La renonciation ne peut être qu'***expresse*** (art. 804, al. 1er, C. civ.). Elle doit être adressée ou déposée au tribunal dans le ressort duquel la succession s'est ouverte (art. 804, al. 2, C. civ.).

Ce formalisme ne concerne que les héritiers *ab intestat* ou testamentaire mais en aucun cas le légataire à titre particulier.

À défaut de publicité, la renonciation est inopposable aux créanciers mais elle reste valable.

B - Les effets de la renonciation

L'héritier renonçant est censé n'avoir jamais été héritier (art. 805, al. 1er, C. civ.). Il n'est donc pas tenu du passif.

1) Les effets généraux de la renonciation

a) Les charges incombant à l'héritier

Le renonçant n'est pas tenu au paiement :

- des dettes et des charges de la succession (art. 806, C. civ.) ;
- des frais qu'il a légitimement engagés avant la renonciation (art. 808, C. civ.).

En revanche, il conserve la charge :

- des frais engagés postérieurement à sa renonciation ;
- dans la mesure de ses moyens, des frais funéraires de l'ascendant ou du descendant à la succession duquel il renonce (art. 806, C. civ.).

Deux modifications fondamentales ont été apportées par la loi du 23 juin 2006.

b) La possibilité de représenter le successible renonçant

La représentation d'un héritier renonçant est possible dans une succession dévolue en ligne directe ou en ligne collatérale : « *Sous réserve des dispositions de l'article 845, la part du renonçant échoit à ses représentants ; à défaut, elle accroît à ses cohéritiers ; s'il est seul, elle est dévolue au degré subséquent* » (art. 805, al. 2, C. civ.).

c) Le rapport à la succession du renonçant

Les enfants qui ont représenté le renonçant ont l'obligation de rapporter à la succession du renonçant les biens dont ils ont hérités en son lieu et place, lorsqu'ils viennent en concours avec d'autres enfants connus après l'ouverture de la succession dont le renonçant a été exclu (art. 754, al. 2, C. civ.).

2) La révocation de la renonciation

a) Les conditions de la révocation de la renonciation

1. Les conditions de fond

La révocation de la renonciation n'est possible qu'à plusieurs conditions :
- un autre héritier ne doit pas avoir accepté la succession purement et simplement ou à concurrence de l'actif net ;
- le délai de prescription pour opter (10 ans) ne doit pas être écoulé ;
- l'État ne doit pas avoir été envoyé en possession.

2. Les conditions de forme

La révocation de la renonciation peut être ***tacite ou expresse***. Elle rétroagit au jour de l'ouverture de la succession (art. 807, al. 2, C. civ.).

b) Les effets de la révocation de la renonciation

Les actes qui auraient valablement été faits avec le curateur à la succession vacante ne sont pas remis en cause. Il en est de même pour les droits que les tiers ont acquis par prescription sur les biens héréditaires.

BIBLIOGRAPHIE

AYOUB (M.) et PFAFF (F.), « Vers une efficacité et une sécurité renforcées en matière d'option successorale », *Rev. Lamy Dr. civ.* 2007, n° 43, p. 48.

BRÉMOND (V.), « Les nouveaux tempéraments à l'obligation *ultra vires successionis* », *JCP* N, 2006, 1366.

GUILHERMONT (E.), « La dissimulation d'un héritier : un nouveau délit civil ? », *Dr. Famille* 2007, Études n° 27.

LEROY (M.), Renonciation successorale, technique d'optimisation d'une transmission inter générationnelle, *Dr. et patr.,* fév. 2009.

VAREILLE (B.), « Le recel successoral dans la jurisprudence récente », *Defrénois* 2007, 38632.

CHAPITRE 19

L'indivision successorale

Le patrimoine du défunt laisse place à une indivision entre les héritiers qui constituera ensuite l'actif de la masse qu'ils devront se partager.

Les articles 815 et suivants du Code civil sont applicables, c'est-à-dire le droit commun de l'indivision, sont applicable à l'indivision successorale.

1 • LA COMPOSITION DE L'INDIVISION

L'indivision comprend l'ensemble des biens existants au décès du *de cujus,* auxquels s'ajoutent un certain nombre d'autres éléments plus difficiles à estimer.

A - Les biens existants au décès du de cujus

La masse indivise est composée de tous les biens existants au décès du *de cujus* c'est-à-dire de l'ensemble des biens dont celui-ci était propriétaire au moment de son décès. Les dettes et les créances ont un régime particulier :

- les ***dettes*** se divisent de plein droit entre les héritiers au moment du décès et sont donc exclues de l'indivision (art. 1220, C. civ.) ;
- la règle de la division ne s'impose pour les ***créances*** que dans les rapports entre héritiers et débiteurs ; la division ne se produit pas dans les rapports entre héritiers[1]. Ainsi, chaque cohéritier peut réclamer le paiement de sa part au débiteur pendant la durée de l'indivision. Si les créances n'ont pas été encaissées pendant l'indivision, elles seront comprises dans le partage et soumises à l'effet déclaratif de celui-ci, prévu par l'article 883, alinéa 1er du Code civil.

B - Les biens subrogés aux biens indivis

La subrogation réelle joue de plein droits et sans formalité : « *Sont de plein droit indivis, par l'effet d'une subrogation réelle, les créances et indemnités qui remplacent des biens indivis, ainsi que les biens acquis, avec le consentement de l'ensemble des indivisaires,*

1. Ch. réunies, *Chollet-Dumoulin,* 8 décembre 1907, *DP* 1908, I, 113, note A. Colin, *S.* 1908, I, 5, note C. Lyon-Caen, *GAJ civ.* T. 1, Dalloz, 12e éd., n° 119, p. 687.

en emploi ou remploi des biens indivis »(art. 815-10, al. 1er, C. civ.). Sont comprises dans la masse indivise les créances du prix de vente des biens indivis, à la place du bien qu'elles remplacent. Si un nouveau bien a été acquis en emploi du prix, le nouveau bien remplace sans formalité le bien aliéné.

C - Les fruits et revenus des biens indivis

« *Les fruits et les revenus des biens indivis accroissent à l'indivision à défaut de partage provisionnel ou de tout autre accord établissant la jouissance divise.* » (art. 815-10, al. 2, C. civ.) : en application du principe d'égalité dans le partage, tous les fruits produits par les biens indivis accroissent l'indivision (*fructus augent hereditatem*).

Néanmoins, un indivisaire peut obtenir une provision : « *Tout indivisaire peut demander sa part annuelle dans les bénéfices* » (art. 815-11, al. 1er, C. civ.). Le partage provisionnel est donc possible tout comme l'attribution anticipée des fruits et revenus.

En outre, ce principe est également tempéré par la prescription quinquennale : « *Aucune recherche relative aux fruits et revenus ne sera, toutefois, recevable plus de cinq ans après la date à laquelle ils ont été perçus ou auraient pu l'être* » (art. 815-10, al. 3, C. civ.).

Enfin, l'indivisaire-gérant a droit à une rémunération, notamment lorsque les fruits et revenus du ou des biens indivis est issu de l'activité d'un indivisaire : « *L'indivisaire qui gère un ou plusieurs biens indivis est redevable des produits nets de sa gestion. Il a droit à la rémunération de son activité dans les conditions fixées à l'amiable ou, à défaut, par décision de justice.* » (at. 815-12, C. civ.). La jurisprudence définit peu à peu les modalités de rémunération du gérant de l'indivision.

D - Les biens rapportés

Doivent être compris dans l'indivision les biens que le *de cujus* avait donné à l'un des successibles en avancement de part successorale. Il s'agit de libéralités rapportables (voir Chapitre 21). Le rapport est possible en nature ou en valeur. Le rapport se fait le plus souvent en « moins-prenant », c'est-à-dire que l'héritier retirera au moment du partage l'équivalent du lot qui lui a été attribué par anticipation. Il peut également effectuer le rapport en nature en remplaçant le bien reçu en avancement de part successorale dans la masse indivise.

2 • LA GESTION DE L'INDIVISION

Jusqu'au 1er janvier 2007, le principe était celui de l'unanimité c'est-à-dire de la cogestion en ce qui concerne les actes d'administration et de disposition. En effet, l'article 815-3, alinéa 1er du Code civil disposait que « *les actes d'administration et de disposition relatifs aux biens indivis requièrent le consentement de tous les indivisaires* ». En cas de non-respect de cette disposition, la sanction qui affectait l'acte passé au mépris du principe de l'unanimité n'était pas la nullité mais l'inopposabilité à l'indivisaire qui n'avait pas consenti. Celui-ci pouvait revendiquer le bien pendant la durée de l'indivision. Dans le cas où le bien sur lequel portait l'acte était attribué lors du partage à celui qui avait accompli seul l'acte, celui-ci était rétroactivement validé. Dans le cas contraire, l'acte était considéré comme nul.

Désormais, la règle de l'unanimité est assouplie.

A - La gestion de l'indivision par les indivisaires

1) Les actes accomplis par un indivisaire seul

Tout indivisaire peut prendre les mesures nécessaires à la ***conservation des biens indivis*** même en l'absence d'urgence (art. 815-2, al. 1er, C. civ.). Avant le 1er janvier 2007, cette possibilité n'existait qu'en cas de péril imminent[2].

2) La règle des deux tiers

Une majorité des deux tiers est désormais requise par l'article 815-3, alinéas 1er à 6 pour :

- accomplir les actes d'administration relatifs aux biens indivis ;
- donner à l'un ou plusieurs des indivisaires ou à un tiers un mandat général d'administration ;
- vendre les meubles indivis pour payer les dettes et charges de l'indivision ;
- conclure et renouveler les baux autres que ceux portant sur un immeuble à usage agricole, commercial, industriel ou artisanal.

Les autres indivisaires doivent être informés des décisions prises ou des actes effectués. À défaut, les décisions prises sont inopposables aux indivisaires minoritaires.

3) La règle de l'unanimité

La règle de l'unanimité est exigée (art. 815-3, al. 2, C. civ.) :

- pour effectuer tout acte qui ne ressortit pas à l'exploitation normale des biens indivis ;
- pour accomplir tout acte de disposition autre que la vente des meubles indivis pour payer les dettes et charges de l'indivision.

B - Les mandats et l'indivision

Les différentes formes de mandat permettent de faciliter la gestion des biens indivis. En outre, l'article 815-3 du Code civil présume toujours, désormais dans son alinéa 4, l'existence d'un ***mandat tacite*** lorsqu'« *un indivisaire prend en main la gestion des biens indivis, au su des autres et néanmoins sans opposition de leur part* ». Ce mandat tacite ne peut concerner que « *les actes d'administration mais non les actes de disposition ni la conclusion ou le renouvellement des baux* » (art. 815-3, al. 4, C. civ.).

---

2. Civ. 3e, 25 janvier 1983, *RTD civ.* 1984, p. 133, obs. J. Patarin ; Civ. 1re, 25 novembre 2003, *Dr. Famille* 2004, n° 25, note B. Beignier.

C - La nécessité d'une intervention judiciaire

Une intervention judiciaire peut se révéler indispensable notamment dans trois hypothèses :

- ***l'époux est hors d'état de manifester sa volonté*** : l'article 815-4 du Code civil prévoit l'hypothèse où l'un des co-indivisaires se trouve « *hors d'état de manifester sa volonté* ». Dans ce cas, un autre indivisaire peut se faire habiliter par le juge à le représenter, « *d'une manière générale ou pour certains actes particuliers, les conditions et l'étendue de cette représentation étant fixées par le juge* » ;
- ***la mésentente entre les indivisaires*** : l'article 815-5 du Code civil permet de régler le problème posé par une mésentente entre les indivisaires. Lorsqu'un indivisaire refuse de passer un acte, ce qui conduit à mettre en péril l'intérêt commun, le juge peut alors autoriser l'autre indivisaire à passer seul cet acte. L'acte sera opposable à l'indivisaire qui a refusé son concours. La loi du 12 mai 2009 permet à un ou des indivisaires représentant au moins 2/3 des droits indivis de demander au tribunal de grande instance d'autoriser l'aliénation d'un bien indivis (art. 815-5-1, C. civ.) ;
- ***les mesures urgentes*** : l'article 815-6, alinéa 1er du Code civil dispose que « *le président du tribunal peut prescrire ou autoriser toutes les mesures urgentes que requiert l'intérêt commun* ». Il peut notamment nommer un administrateur des biens indivis.

3 LA DURÉE DE L'INDIVISION

A - Les principes

Le principe est celui de la ***précarité de l'indivision***. Tout indivisaire peut à tout moment demander le partage. L'article 815, alinéa 1er du Code civil prévoit ainsi que « *nul ne peut être contraint à demeurer dans l'indivision* ».

Les ***créanciers personnels d'un indivisaire*** n'ont pas la possibilité de saisir leur part dans les biens indivis (art. 815-17, al. 2, C. civ.) mais ils peuvent provoquer le partage au nom de leur débiteur ou intervenir dans le partage que ce dernier a provoqué. Dans cette hypothèse, les coindivisaires peuvent arrêter le cours de l'action en partage en acquittant la dette puis en remboursant par prélèvement sur les biens indivis (art. 815-17, al. 3, C. civ.).

B - Les exceptions

Il existe plusieurs hypothèses de maintien forcé ou de conventions d'indivision.

1) La convention d'indivision

Les articles 1873-1 et suivants du Code civil permettent aux indivisaires de conclure une convention d'indivision. Les indivisaires ont la possibilité de nommer un gérant qui aura en principe les mêmes droits qu'eux mais il ne pourra « *disposer des meubles corporels que pour les besoins d'une exploitation normale des biens indivis, ou encore s'il s'agit de choses difficiles à conserver ou sujettes à dépérissement* » (art. 1873-6, al. 2, C. civ.). Les actes qui sont interdits au gérant nécessitent alors l'unanimité des coindivisaires (art. 1873-8, al. 1er, C. civ.). La convention d'indivision constitue un obstacle à la fin de l'indivision lorsqu'elle est conclue pour une durée déterminée, qui ne peut excéder 5 ans mais qui est renouvelable.

2) L'indivision forcée

Dans certaines hypothèses, le maintien de l'indivision peut être imposé par le juge :
- à la demande d'un indivisaire, notamment dans les hypothèses prévues aux articles 820 et suivants du Code civil, par exemple lorsque le maintien dans l'indivision risque de porter atteinte à la valeur des biens indivis ou si l'un des indivisaires ne peut reprendre l'entreprise agricole, commerciale, industrielle, artisanale ou libérale ;
- à la demande et seulement pour certains indivisaires s'ils en font la demande et s'ils attribuent la part qui leur revient à ceux qui désirent sortir de l'indivision (art. 824, C. civ.).

BIBLIOGRAPHIE

BRENNER (C.), « La gestion de la succession », *D.* 2006, 2559.

COUZIGOU-SUHAS (N.) et CLAUX (P.-J.), « La gestion de l'indivision successorale », *AJ fam.* n° 9/2006, p. 313.

LAFOND (J.), « L'autorisation judiciaire de vendre un bien indivis (C. civ., art. 815-5-1, nouveau », *JCP* N 2009, 1180.

LEPROVAUX (J.), « Les nouvelles règles de gestion de l'indivision successorale issues de la loi du 23 juin 2006 », *JCP* N Étude 2006, 1381.

PRIGENT (S.), « Réforme des successions : un aménagement du statut de l'indivision », *AJDI* 2007, 8

CHAPITRE 20

La liquidation du passif successoral

1 • LA COMPOSITION DU PASSIF SUCCESSORAL

Le passif successoral se compose d'une part des dettes du défunt, et, d'autre part des charges de la succession.

A - Les dettes du défunt

Les dettes du défunt sont composées de toutes les dettes dont il était tenu au moment du décès :

- *les dettes contractuelles* : les obligations contractuelles du *de cujus* sont transmissibles à ses héritiers. Un contrat peut néanmoins prévoir l'intransmissibilité d'une dette ;
- *les dettes extra-contractuelles*, condamnations au paiement de dommages-intérêts, amendes, dettes fiscales...

Par exception, les dettes alimentaires sont intransmissibles (mais la prestation compensatoire sera prélevée sur l'hérédité).

B - Les charges de la succession

Font notamment partie des charges de la succession :

- les frais d'obsèques ;
- les frais entraînés par la liquidation et le partage de la succession ;
- les legs particuliers de sommes d'argent consentis par le défunt, dans les limites des forces de la succession ;
- les dettes de salaire différé ;
- les dettes contractées afin d'assurer la gestion et la conservation des biens indivis (art. 815-17, C. civ.)...

2 • LA LIQUIDATION DU PASSIF SUCCESSORAL

La liquidation du passif successoral pose le problème de l'obligation à la dette et de la contribution à la dette.

A - L'obligation au passif successoral

Les successeurs universels et à titre universel sont seuls tenus du passif de la succession. Le légataire n'est pas tenu au passif successoral, sauf charge spécifique prévu par le *de cujus.*

Les acceptants purs et simples sont tenus *ultra vires successionis* c'est-à-dire au-delà des charges de la succession alors que les héritiers qui acceptent à concurrence de l'actif net sont tenus dans les limites des forces de la succession (*intra vires successionis).*

L'article 1220 du Code civil prévoit que ***les créances et dettes du de cujus se divisent automatiquement entre les héritiers***. Ainsi, les créances et dettes échappent à l'indivision successorale.

Le créancier peut poursuivre chacun des héritiers sans attendre le partage.

L'héritier poursuivi peut ne payer qu'une part de la dette en fonction de la forme de son acceptation, pure et simple ou à concurrence de l'actif net : chacun est tenu au *prorata* de sa part dont il est saisi.

La chambre des requêtes de la Cour de cassation avait décidé dans l'arrêt *Frécon* du 23 décembre 1912 que le créancier successoral pouvait se payer en une seule fois et ne pas subir le concours des créanciers personnels des héritiers indivisaires, L'article 815-17, alinéa 1er du Code civil reprend cette solution lors de la loi du 31 décembre 1976 : « *Les créanciers qui auraient pu agir sur les biens indivis avant qu'il y eût indivision, et ceux dont la créance résulte de la conservation ou de la gestion des biens indivis, seront payés par prélèvement sur l'actif avant le partage. Ils peuvent en outre poursuivre la saisie et la vente des biens indivis.* »

B - La contribution au passif successoral

Selon l'article 870 du Code civil, « *les cohéritiers contribuent entre eux au paiement des dettes et charges de la succession, chacun dans la proportion de ce qu'il y prend* », à moins que le de cujus n'en ait disposé autrement. Si l'un des héritiers a payé au-delà de sa part, il peut exercer un recours contre les autres héritiers, le cas échéant au moyen de l'une des actions suivantes.

- l'action en garantie au titre du partage (art. 884, C. civ.) ;
- l'action subrogatoire (art. 1251 3°, C. civ.) ;
- l'action *de in rem verso* (enrichissement sans cause).

BIBLIOGRAPHIE

DURNERIN (PH.), *La notion de passif successoral*, Thèse Paris II, LGDJ, 2004., « Vers un élargissement du concept de salaire différé », in *Mélanges Weill*, p. 433.

CHAPITRE 21

Le rapport des libéralités et des dettes

La masse partageable est composée de tous les biens laissés par le défunt à l'exception des droits viagers, des biens titulaires du droit de retour légal ou conventionnel, qui constituent une succession particulière, des titres de noblesse, des sépultures et des souvenirs de famille. Le défunt a pu de son vivant consentir des libéralités avec obligation de rapport. Il a également pu mourir créancier de personnes qui ne l'ont pas payé. La masse partageable ne peut être déterminée qu'après le rapport des libéralités et le paiement des dettes.

1 • LE RAPPORT DES LIBÉRALITÉS

A - Les libéralités concernées par le rapport

Le *de cujus* a pu consentir des libéralités à des héritiers présomptifs dans l'esprit de leur avancer une partie de la succession. Il s'agit de libéralités en avancement de part successorale. La libéralité devra être rapportée à la masse partageable. Dans certains cas, ces libéralités peuvent porter atteinte à la réserve héréditaire : elles peuvent alors faire l'objet d'un rapport aux fins de réduction.

L'article 843 du Code civil pose le principe selon lequel les donations sont présumées ***rapportables*** (alinéa 1er) alors que les legs à un héritier sont présumés faits hors part successorale sauf volonté contraire expresse ou tacite du testateur (alinéa 2). L'alinéa 919, alinéa 2 *in fine* prévoit que si la dispense de rapport n'est pas contenue dans l'acte de donation, elle doit être faite « *dans la forme des dispositions entre vifs ou testamentaires* ».

B - Le rapport aux fins d'égalité

Le rapport aux fins d'égalité consiste à réunir réellement ou fictivement à la masse héréditaire des biens dont le défunt avait disposé à titre gratuit au profit de l'un des cohéritiers.

Le disposant peut consentir une libéralité non rapportable c'est-à-dire une donation hors part successorale.

1) Les conditions du rapport

a) Quant aux personnes :

Ces conditions sont relatives.

1. Aux créanciers du rapport

Le rapport est dû aux cohéritiers (art. 857, C. civ.). Il n'est pas du aux légataires, ni aux créanciers de la succession en tant que tels.

Si l'héritier créancier du rapport ne le demande pas, les créanciers personnels de cet héritier peuvent le demander par voie oblique.

Les créanciers de la succession ne peuvent demander le rapport en cette qualité mais si par acceptation pure et simple, ils sont devenus créanciers de cet héritier, ils peuvent exercer l'action oblique.

2. Aux héritiers tenus de rapporter

Seuls sont tenus de rapporter les héritiers *ab intestat* s'ils ont accepté la succession à concurrence de l'actif net ou purement et simplement ; l'héritier qui renonce n'est pas tenu de rapporter (art. 843, C. civ.).

Le donataire qui n'était pas héritier présomptif lors de la donation, mais qui se trouve successible au jour de l'ouverture de la succession, ne doit pas le rapport, à moins que le donateur ne l'ait expressément exigé (art. 846, C. civ.).

L'héritier doit avoir été gratifié personnellement.

b) Quant aux libéralités

Le Code civil a prévu des présomptions de dispense de rapport :

- legs faits à un successible (art. 846, C. civ.) ;
- legs consentis aux enfants des successibles (art. 847, C. civ.) ;
- legs consentis au père du successible, sauf si le fils du donateur succède par représentation (art. 848, C. civ.) ;
- libéralités consenties au conjoint d'un successible (art. 849, al. 1er, C. civ.).

Exceptionnellement, ne sont pas soumis au rapport :

- les frais de nourriture, d'entretien, d'éducation, d'apprentissage, ainsi que les frais ordinaires d'équipement, de noces et les présents d'usage, sauf volonté contraire du disposant (art. 852, C. civ.) ;
- les fruits et intérêts de la chose donnée (art. 856, C. civ.) ;
- en matière d'assurance-vie, seules sont rapportables les primes lorsqu'elles sont manifestement exagérées par rapport aux facultés du souscripteur (art. L. 132-13, C. assur.) ;
- les profits des conventions passées par un héritier avec le défunt (art. 853, C. civ.) ;
- les contrats de société conclus entre le défunt et l'un de ses héritiers (art. 854, C. civ.) ;
- les biens ayant péri par cas fortuit ou de force majeure et sans faute du donataire (art. 855, C. civ.) ;
- les fruits produits par le bien donné en avancement de part successorale entre la donation et le décès du donateur (art. 856, C. civ.) ; ils ne sont dus qu'entre l'ouverture de la succession jusqu'au partage.

Les donations de fruits et revenus sont rapportables à moins que la libéralité n'ait été faite expressément hors part successorale (le nouvel article 851, alinéa 2 du Code civil prend en compte la jurisprudence).

2) La réalisation du rapport

La réalisation du rapport peut se faire selon deux techniques :

- le rapport en nature : l'héritier ratifié remet dans la masse le bien en question ;
- le rapport en valeur : l'héritier gratifié conserve le bien mais remet l'équivalent pécuniaire dans la masse partageable. Il s'agit d'un rapport en moins prenant.

Selon l'article 858 du Code civil, le rapport se fait en moins prenant c'est-à-dire en valeur sauf stipulation contraire de l'acte de donation ou lorsque le bien existe encore et qu'il est libre de toute occupation c'est-à-dire de droit réel nouveau.

On distingue deux modalités de rapport ainsi qu'un cas particulier.

a) Le rapport en moins prenant

Le rapport en moins prenant consiste pour l'héritier à retirer au moment du partage l'équivalent du lot qui lui a été attribué par anticipation. Ce rapport est de la valeur du bien donné, ce bien étant apprécié d'après son état lors de la donation et selon sa valeur au jour du partage (art. 860, al. 1er, C. civ.).

Si le bien donné a été aliéné avant le partage, il faut tenir compte de sa valeur au moment de l'aliénation (art. 860, al. 2, C. civ.). Si ce bien a été aliéné et qu'un autre lui a été subrogé, on tient compte de la valeur de ce nouveau bien à l'époque du partage, d'après son état à l'époque de l'acquisition (art. 860, al. 2, C. civ.). Toutefois, on ne tient pas compte de la subrogation dans l'hypothèse où la dépréciation du nouveau bien était, en raison de sa nature, inéluctable au jour de son acquisition (art. 860, al. 2, C. civ. *in fine*).

Les règles d'évaluation peuvent être écartées par une stipulation contraire de l'acte de donation (art. 860, al. 3, C. civ.). Dans cette hypothèse, si la valeur sujette à rapport est inférieure à la valeur du bien au jour du décès, cette différence forme un avantage indirect acquis au donataire hors part successorale (art. 860, al. 4, C. civ.).

L'***indemnité de rapport***, lorsqu'elle prend la forme d'une indemnité, produit ***intérêt*** à compter du jour où le montant du rapport est déterminé (art. 856, al. 2, C. civ.). La fraction du rapport exécutée en moins prenant ne produit pas d'intérêt.

b) Le rapport en nature

L'héritier gratifié remet dans la masse partageable le bien qu'il a reçu. Il est tenu compte de l'amélioration qu'a pu apporter le donataire à l'état des objets donnés d'après ce dont leur valeur se trouve augmentée au moment du partage ou de l'aliénation (art. 861, al. 1er, C. civ.). Il est également tenu compte des dépenses nécessaires faites pour la conservation du bien, même si elles n'ont pas contribué à son amélioration (art. 861, al. 2, C. civ.).

3) Le cas particulier de la donation de somme d'argent

Le montant du rapport d'une donation en somme d'argent est égal au montant de la somme donnée. Toutefois, si cette somme a servi à acquérir un bien, le rapport est dû de la valeur de ce bien dans les conditions prévues pour le rapport en valeur (art. 860-1, C. civ. *in fine*).

Point Jurisprudence

Le rapport des donations se fait selon la valeur au moment du partage

Dans un arrêt du 13 février 2013, la première chambre civile de la Cour de cassation rappelle le principe selon lequel il faut se placer au moment du partage pour apprécier la valeur des donations. La Cour de cassation se fonde sur l'article 860, alinéa 1er du Code civil qui dispose que « *Le rapport est dû de la valeur du bien donné à l'époque du partage, d'après son état à l'époque de la donation* ». En l'espèce, une fille devait rapporter la donation en avancement d'hoirie (de part successorale) que lui avait consentie en 1974 sa mère décédée en 2000.

Civ. 1re, 13 février 2013, *JCP* 2013, 228.

C - Le rapport aux fins de réduction

Lorsque des libéralités entamant la réserve héréditaire ont été consenties, les réservataires peuvent agir contre le gratifié pour reconstituer leur réserve.

1) *Les conditions de l'action en réduction*

a) L'atteinte à la réserve

L'atteinte de la réserve montre que la quotité disponible a été dépassée.

1. La reconstitution du patrimoine

L'article 922 du Code civil prévoit que la formation de la masse de calcul se fait en trois étapes :

- ***reconstitution de l'actif du patrimoine du défunt*** : l'actif du patrimoine est constitué des biens laissés par le *de cujus* au jour du décès (y compris les legs) (art. 922, al. 1er, C. civ.) ;
- ***déduction des dettes*** : sont déduites de l'actif du patrimoine d'une part les dettes non acquittées par le *de cujus* lors de son décès, d'autre part les charges grevant les éléments de cet actif (art. 922, al. 2, C. civ.) ;
- ***réunion fictive des biens donnés*** : on ajoute à cet actif net (si le solde est négatif, on considère qu'il est nul) tous les biens dont le *de cujus* a disposé par donation entre vifs d'après leur état à l'époque de la donation et leur valeur à l'ouverture de la succession (art. 922, al. 2, C. civ.). Si les biens ont été aliénés, il est tenu compte de leur valeur à l'époque de l'aliénation et, s'il y a eu subrogation, de la valeur des nouveaux biens au jour de l'ouverture de la succession (art. 922, al. 2, C. civ. *in fine*) ;

Les biens laissés par le *de cujus* sont ***estimés d'après leur valeur lors du décès ou du partage***, de même que les donations. En cas de vente du bien ou de subrogation, on évalue les biens au jour du décès s'ils existent encore à cette date et selon leur état lors de la donation mais selon la valeur de cet état à l'ouverture de la succession. Si le donateur a aliéné les biens, on les estimera à l'époque de l'aliénation. Si ce bien a été subrogé, le montant de la libéralité sera calculé sur le bien subrogé. Si le bien a péri par cas fortuit et si la destruction a donné lieu à indemnisation, cette indemnisation sera subrogée à due concurrence du bien donné.

À partir de cette estimation, on calcule quelle est la ***quotité dont le défunt a pu disposer*** (art. 922, al. 3, C. civ.).

2. L'imputation des libéralités

Après avoir reconstitué le patrimoine, on procède à l'imputation des libéralités.

Les donations s'imputent avant les legs (art. 923, C. civ.). Par conséquent, les legs sont réduits avant les donations. L'article 926 du Code civil dispose que s'imputent sur la quotité disponible d'abord les donations entre vifs, de la plus ancienne à la plus récente, puis ensuite les dispositions à cause de mort (legs, institutions contractuelles, notamment la donation au dernier vivant). Si le solde de la quotité disponible après prélèvement des donations entre vifs ne permet pas de satisfaire toutes les dispositions à cause de mort, la réduction se fait au marc le franc, c'est-à-dire proportionnellement. Cependant, le testateur a pu en disposer autrement, selon l'hypothèse prévue par l'article 927 du Code civil : dans ce cas, on doit respecter la volonté du défunt qui aurait prévu que tel legs soit acquitté de préférence aux autres.

Trois cas doivent être distingués :

- lorsqu'une donation a été faite en avancement de part successorale à un héritier réservataire qui accepte la succession, cette donation s'impute sur sa part de réserve et, subsidiairement, sur la quotité disponible, sauf dans le cas où l'acte de donation le prévoit autrement (art. 919-1, al. 1er, C. civ.) ;
- lorsqu'une donation a été faite en avancement de part successorale à un héritier réservataire qui renonce à la succession, cette donation est traitée comme une donation faite hors part successorale (art. 919-1, al. 2, C. civ.). Dans le cas particulier où cet héritier renonçant est astreint au rapport, il est traité comme un héritier acceptant pour la réunion fictive, l'imputation et, le cas échéant, la réduction de la libéralité qui lui a été consentie ;
- lorsque la libéralité est faite hors part successorale, elle s'impute sur la quotité disponible (art. 919-2, C. civ.).

3. Le dépassement de la quotité disponible

Si, une fois l'imputation effectuée, il s'avère que la quotité disponible est dépassée, les réservataires peuvent demander la réduction des libéralités excessives afin de reconstituer leur réserve.

b) Les conditions relatives aux personnes

1. Le demandeur

Peuvent agir le réservataire lui-même, l'héritier d'un réservataire (il trouve l'action dans le patrimoine du réservataire) ainsi que leurs ayants cause (art. 921, C. civ.), de même que les créanciers de l'héritier par l'action oblique.

Ne peuvent agir les donataires et légataires ainsi que les créanciers du *de cujus*.

Le délai de prescription de l'action est de 5 ans à compter de l'ouverture de la succession ou 2 ans à compter du jour où les héritiers ont eu connaissance de l'atteinte portée à leur réserve, dans une limite de 10 années à compter du décès (art. 921, al. 2, C. civ.).

Le ***pacte de famille*** permet à un héritier réservataire de renoncer à une action en réduction par avance avec le consentement du défunt (art. 929, C. civ. ; cf. Chapitre 14).

2. Le défendeur

Le défendeur à l'action en réduction doit avoir été gratifié au-delà du disponible.

2) La mise en œuvre de l'action en réduction

a) Le principe : la réduction en valeur

La loi de 2006 a posé le principe selon lequel l'égalité dans le partage est une égalité en valeur quelle que soit la libéralité concernée (art. 826, al. 1er, C. civ.). Lorsque la libéralité excède la quotité disponible, le gratifié, qu'il soit successible ou non, doit indemniser les héritiers réservataires à concurrence de la portion excessive de la libéralité, quel que soit cet excédent (art. 924, al. 1er, C. civ.).

L'***indemnité de réduction*** constitue un pourcentage de la libéralité réductible. Elle est payable au moment du partage mais une convention entre cohéritiers peut prévoir des modes de paiement différents (art. 924-3, al. 1er, C. civ.).

Deux cas doivent être distingués :

- ***si le bien donné ou légué se trouve dans le patrimoine du gratifié lors du partage*** : le montant de l'indemnité de réduction est calculé d'après la valeur des biens donnés ou légués à l'époque du partage ou de leur aliénation par le gratifié et en fonction de leur état au jour où la libéralité a pris effet (art. 924-2, C. civ.) ;
- ***si le bien donné ou légué ne se trouve plus dans le patrimoine du gratifié lors du partage*** : l'indemnité de réduction est calculée en fonction de la valeur du nouveau bien à l'époque du partage d'après son état à l'époque de l'acquisition sauf lorsque la dépréciation du nouveau bien était, en raison de sa nature, inéluctable au jour de son acquisition (art. 924-2, *in fine*, C. civ.).

Si le bien a péri par l'effet de la force majeure, le gratifié ne doit aucune indemnité. S'il a disparu par la faute du gratifié, celui-ci devra une indemnité. S'il l'a détérioré, l'héritier réservataire peut demander au tribunal la réduction en nature assortie d'une indemnité, soit le remboursement de la valeur du tout.

En cas d'insolvabilité du débiteur de l'indemnité, les héritiers réservataires peuvent exercer l'action en revendication. L'action en réduction s'exerce en valeur contre le tiers acquéreur (art. 924-4, C. civ.).

b) L'exception : la réduction en nature

« *Le gratifié peut exécuter la réduction en nature, par dérogation à l'article 924, lorsque le bien donné ou légué lui appartient encore et qu'il est libre de toute charge dont il n'aurait pas déjà été grevé à la date de la libéralité, ainsi que de toute occupation dont il n'aurait pas déjà fait l'objet à cette même date* » (art. 924-1, al. 1er, C. civ.).

La restitution des fruits n'a lieu que si la réduction est exercée en nature. Le donataire n'est tenu de restituer que les fruits de ce qui excède la portion disponible à compter du décès du donateur si la demande est faite dans l'année sinon du jour de la demande (art. 928, C. civ.).

2 • LE PAIEMENT DES DETTES

Dans certains cas, l'un des cohéritiers a une dette envers le *de cujus* ou envers l'indivision : il doit rapporter cette dette à la masse partageable.

A - Le cas général

Le rapport des dettes des successibles se fait en moins prenant.

Lorsque la masse partageable comprend une créance à l'encontre de l'un des copartageants, exigible ou non, ce dernier en est alloti dans le partage à concurrence de ses droits dans la masse (art. 864, al. 1er, C. civ.).

B - Le cas particulier du salaire différé

Certaines personnes héritières du *de cujus* qui ont collaboré avec lui pour entretenir une exploitation sans recevoir de salaire détiennent une créance de salaire différé.

1) *La créance de salaire différé des descendants*

Seuls bénéficient de la créance de salaire différé les descendants du défunt qui était exploitant agricole (art. L. 321-13 à L. 321-21, C. rur.).

Le bénéficiaire (ou son conjoint) doit être descendant du défunt.

Il doit avoir participé directement et effectivement à l'exploitation agricole de son parent.

Le bénéficiaire doit ne pas avoir véritablement reçu un salaire.

Le montant du salaire différé est déterminé par référence au SMIC. Le taux annuel du salaire est, pour chaque année de participation, égal à la valeur des 2/3 de la somme correspondant à 2080 fois le taux du SMIC.

2) *La créance de salaire différé du conjoint*

La créance de salaire différé bénéficie au conjoint survivant du défunt chef d'une entreprise artisanale ou commerciale. (art. 14 de la loi n° 89-1008 du 31 décembre 1989) ou d'une exploitation agricole (art. L. 321-21-1, C. rur.).

Le conjoint d'un ***exploitant agricole*** ou du ***chef d'une entreprise artisanale, commerciale ou libérale*** qui a participé à la mise en valeur de l'exploitation familiale peut bénéficier, au décès de l'agriculteur, ou lors d'une donation-partage faite du vivant de l'exploitant, à une rémunération appelée « salaire différé ». Pour pouvoir bénéficier de cette créance de salaire différé, le conjoint survivant doit répondre aux conditions suivantes :

- il doit être le conjoint survivant d'un chef d'une exploitation agricole ou de l'associé exploitant une société dont l'objet est l'exploitation agricole ;

– il doit avoir effectivement et directement participé à l'exploitation pendant 10 ans (la loi ne précise pas que cette participation soit exclusive de toutes autres activités) ;
– il doit n'avoir reçu ni salaire, ni avoir été associé aux bénéfices et aux pertes.

La créance de salaire différé est d'un montant égal à trois fois le salaire minimum de croissance annuel en vigueur au jour du décès dans la limite de 25 % de l'actif successoral.

BIBLIOGRAPHIE

PRÉVAULT, « Vers un élargissement du concept de salaire différé », in *Mélanges Weill*, p. 433.

VIGNEAU, « Le rapport d'une donation à un renonçant », *JCP* N 2006, n° 1327, p. 1811, « Les rapports des articles 845 et 848 du Code civil en cas de représentation d'un donataire renonçant », *JCP* N 2008, n° 1193.

CHAPITRE 22

La demande en partage

Selon l'article 815 du Code civil, nul ne peut être contraint à demeurer dans l'indivision. Selon une doctrine traditionnelle, le droit de demander le partage est discrétionnaire, il ne peut dégénérer en abus.

1 • LES CONDITIONS RELATIVES AUX BIENS

Le partage n'est possible qu'à trois conditions touchant les biens concernés :

- le partage peut être partiel ou total (la possibilité d'un partage partiel n'est prévue que depuis 1976) ;
- les biens dont le partage est demandé doivent être encore indivis ;
- la demande en partage n'est pas recevable dans l'hypothèse où il y a déjà eu un acte de partage.

2 • LES CONDITIONS RELATIVES À LA QUALITÉ POUR AGIR

A - Les héritiers

L'héritier doit être présent et capable *:* pour les mineurs en tutelle et majeurs protégés (art. 507, C. civ.), le partage peut être opéré à l'amiable sur autorisation du conseil de famille, à défaut du juge des tutelles, qui peut désigner un notaire pour y procéder ; en cas d'administration légale sous contrôle judiciaire, l'autorisation du juge des tutelles est nécessaire (art. 389-6, C. civ.). L'état liquidatif est soumis à l'approbation du conseil de famille ou à défaut du juge. Le partage peut également être judiciaire.

L'héritier peut demander le partage dans la mesure de ses droits successoraux.

L'héritier déclaré absent est réputé décédé *:* seuls ses héritiers peuvent demander le partage ; un héritier présumé absent peut être appelé au partage qui peut être amiable si le juge des tutelles l'autorise et en approuve l'état liquidatif (art. 116, C. civ.).

Le partage est judiciaire lorsque les co-indivisaires se trouvent en ***désaccord***.

B - Les cessionnaires de droits successifs

Les indivisaires ont un droit abstrait qui possède une valeur pécuniaire. Si un indivisaire a besoin d'argent, il peut céder sa part indivise. Le cessionnaire sera investi des droits du cédant (art. 815-14 à 815-16, C. civ.).

Si le cessionnaire est un étranger à l'indivision. Le mécanisme de la préemption permet d'éviter que les droits soient cédés à un étranger à l'indivision.

La cession doit être consentie à titre onéreux.

Elle doit porter sur tout ou partie des droits dans un bien indivis.

Elle peut se faire à l'amiable ou par adjudication.

C - Les créanciers des indivisaires

1) *Les créanciers du défunt et assimilés*

Les créanciers du défunt sont de trois types (art. 815-17, al. 1er, C. civ.) :

- les créanciers qui auraient pu agir sur les biens indivis avant le décès du *de cujus* ;
- les créanciers dont la créance résulte de la conservation des biens indivis ;
- ceux qui ont engagé des frais pour la gestion des biens indivis.

Les créanciers du défunt ont tous le droit de se payer par prélèvement sur l'actif avant le partage et de faire saisir et de poursuivre la vente des biens indivis. On ne leur reconnaît pas à proprement parler le droit de demander le partage mais ils provoquent à mesure de leurs créances un partage partiel.

2) *Les créanciers personnels des coindivisaires*

Les créanciers personnels n'ont pas le droit de saisir la part indivise, peu importe qu'il s'agisse de meubles ou d'immeubles (art. 815-17, al. 2 et 3, C. civ.).

En revanche, ils disposent de plusieurs possibilités :

- provoquer le partage au nom du débiteur ;
- intervenir dans le partage demandé par le débiteur ;
- arrêter le cours de l'action en partage en payant la dette au nom et en l'acquis du débiteur.

BIBLIOGRAPHIE

DAGOT, « La vente d'un bien grevé d'usufruit », *JCP* 1987, I, 3301.

FORGEARD (M.-C.), « Le droit au partage et ses limites après la réforme du 23 juin 2006 », *JCP* N 2008, 1146.

LUCET (F.), « L'entreprise indivise à la merci des créanciers personnels de chaque indivisaire », in *Mélanges Derruppé* 1991, p. 315.

MAZEAUD (A.), *Le partage partiel,* Thèse Paris II, 1983.

MORIN (G.), « La situation de l'usufruitier en cas de demande en licitation du bien sur lequel porte son droit », *Defrénois* 1987, p. 1025.

CHAPITRE 23

La mise en œuvre du partage

Le partage peut être amiable ou judiciaire. Dans tous les cas, il a un effet déclaratif et peut être annulé pour plusieurs causes.

1 • LA RÉALISATION DU PARTAGE

En théorie, les lots objets du partage sont égaux en valeur, à proportion de la vocation successorale de chacun des héritiers.

Le système du Code civil de 1804 était celui de l'égalité en nature. L'article 826, alinéa premier du Code civil prévoit désormais une ***égalité en valeur***. Chaque copartageant reçoit des biens pour une valeur égale à celle de ses droits dans l'indivision (art. 826, al. 2, C. civ.).

Le partage se fait en principe ***par tête*** et, en cas de représentation, ***par souche*** (art. 827, C. civ.). Suite au partage par souche, une répartition distincte est ensuite éventuellement opérée entre les héritiers à l'intérieur de chaque souche (art. 827, C. civ.).

Les biens sont estimés ***à leur valeur à la date de jouissance divise*** telle qu'elle est fixée dans l'acte de partage (art. 829, al. 1er, C. civ.). Cette évaluation tient compte des charges qui grèvent éventuellement le bien (art. 829, al. 1er, C. civ.).

Des lots conformes à la vocation de chacun doivent être composés, ce qui peut poser des difficultés. Les inégalités seront compensées par des soultes, de même que les attributions préférentielles (art. 826, al. 4, C. civ.). L'attribution préférentielle est égalitaire en valeur mais inégalitaire en nature.

A - Le partage amiable

Le partage amiable n'est possible que si les copartageants sont des ***héritiers présents et capables*** et surtout en accord sur les modalités du partage.

Les parties choisissent elles-mêmes la forme et les modalités du partage (art. 835, al. 1er, C. civ.) mais il doit être notarié lorsque l'indivision porte sur des biens soumis à publicité foncière (art. 835, al. 2, C. civ.). Il peut être écrit ou verbal.

Le partage amiable peut être total ou partiel (art. 838, C. civ.).

Pour aller plus loin

Les hypothèses de partage amiable autorisé

Lorsqu'un héritier mineur, majeur protégé ou présumé absent est appelé à un partage, le principe est celui du partage amiable autorisé (art. 116 et 836, C. civ.) : la procédure consiste en une autorisation préalable puis en une approbation ultérieure du partage par le juge des tutelles.

B - Le partage judiciaire

Dans certains cas, les opérations de partage font l'objet d'un contrôle par le tribunal (art. 840 et s., C. civ.).

1) Le domaine des partages judiciaires

Le tribunal contrôle les opérations du partage dans les cas suivants :
- lorsque l'un des héritiers refuse le partage amiable alors que les autres souhaitent partager ;
- si l'un des cohéritiers est d'accord sur le principe du partage mais par sur les modalités ;
- quand il y a un héritier mineur, majeur protégé ou absent et que le partage amiable n'a pas été autorisé ou approuvé.

2) La procédure de partage judiciaire

Une ***première phase*** dite « conservatoire », consiste en l'apposition des scellés, ordonnée par le juge d'instance, sur les biens successoraux et en la confection d'un inventaire.

Dans un ***second temps***, le tribunal de grande instance du lieu d'ouverture de la succession procède à la désignation d'un juge, d'un notaire et éventuellement d'experts, à moins que l'affaire soit en état d'être jugée, auquel cas le tribunal rend un jugement ordonnant le partage et commet un juge pour surveiller ces opérations (art. 1364 et s., CPC).

La masse à partager est alors déterminée en deux phases :
- la première consiste à régler le passif ;
- la seconde consiste à déterminer la valeur de l'actif par l'établissement d'un inventaire estimatif.

La jurisprudence impose de retenir la ***valeur des biens*** au jour le plus proche du paiement effectif.

Ensuite, sont vendus en justice les biens impartageables puis il est procédé à la formation des lots.

La technique de l'attribution préférentielle est souvent plus satisfaisante.

3) L'attribution préférentielle

L'attribution préférentielle a pour objectif d'éviter de morceler les héritages et de diviser les exploitations en attribuant d'autorité certains lots à des héritiers déterminés, même en l'absence d'accord des autres (art. 831 à 834, C. civ.).

a) Les biens concernés par l'attribution préférentielle

L'attribution préférentielle peut concerner les entreprises agricoles, commerciales ou artisanales, le local professionnel ou le logement :

- ***exploitation agricole*** : elle doit constituer une unité économique. C'est la propriété de l'exploitation agricole qui est concernée ;
- ***entreprise commerciale**, industrielle ou artisanale* : l'attribution préférentielle peut porter sur le fonds ou sur la propriété de l'immeuble où celui-ci est exploité ;
- ***local ou matériel professionnel*** : il s'agit de cas où l'un des héritiers exerce sa profession dans un local dépendant de l'indivision et qu'il ne parvient pas à se faire attribuer ce local au titre de l'attribution préférentielle de l'entreprise ;
- ***local d'habitation*** : il s'agit de sauvegarder le cadre de vie de l'intéressé qu'il soit assuré par un droit de propriété ou un droit au bail.

b) Les personnes concernées par l'attribution préférentielle

L'attributaire doit répondre aux trois conditions suivantes :

- il doit avoir la qualité de copartageant ;
- il doit être titulaire d'un droit de propriété ou en nue-propriété sur les biens réclamés ;
- il doit avoir un intérêt à l'attribution (le conjoint survivant est donc exclu lorsqu'il ne peut prétendre qu'à un usufruit).

c) Le régime de l'attribution préférentielle

Le juge accorde ou non la possibilité au demandeur de recevoir le bien dans son lot. En cas d'acceptation, il devra payer une soulte à ses copartageants sans qu'aucun délai ne soit prévu pour cela.

2 • LES EFFETS DU PARTAGE

« *Les cohéritiers demeurent respectivement garants, les uns envers les autres, des troubles et évictions qui procèdent d'une cause antérieure au partage* » (art. 884, al. 1er, C. civ.)

Le partage a un effet déclaratif : « *chaque cohéritier est censé avoir succédé seul et immédiatement à tous les effets compris dans son lot, ou à lui échu sur licitation en la propriété des autres effets de la succession* » (art. 883, al. 1er, C. civ.). L'héritier est censé tenir les biens composant son lot du *de cujus* depuis la date d'ouverture de la succession. Sont concernés par l'effet déclaratif le partage portant sur la totalité de la succession mais également les partages partiels et les partages avec soulte. Tous les biens formant la masse indivise au moment du partage sont touchés par l'effet déclaratif, y compris les biens acquis par subrogation réelle et les créances successorales.

3 • LA NULLITÉ DU PARTAGE

La nullité du partage peut être envisage dans les cas suivants :
- en cas de ***violence de dol*** (art. 887, al. 1er, C. civ.) ***ou d'erreur*** si celle-ci a porté sur l'existence ou la quotité des droits des copartageants ou sur la propriété des biens compris dans la masse partageable (art. 887, al. 2, C. civ.) ;
- en cas d'omission de l'un des héritiers (art. 887-1, C. civ.).

Une action en complément de part est possible en cas de ***lésion*** de plus du quart (art. 889 et s., C. civ.).

BIBLIOGRAPHIE

GOLHEN (C.), « La déjudiciarisation du partage et la protection des héritiers incapables, présumés absents ou défaillants », *Defrénois* 2007, art. 38663.

GRARE-DIDIER (C.), « Le partage : retouche ou refonte ? », *Dr. et patr.* mars 2007, p. 66.

JULIEN (J.), « Les nouvelles règles en matière de partage. À propos de la loi du 23 juin 2006 », *Dr. Famille* 2006, chron., n° 58.

LE BARS (T.), « Les nouvelles règles du partage », *JCP* N 2007, p. 1205.

MAZEAUD (A.), *Le partage partiel,* Thèse Paris II, 1983.

YILDRIM (G.), « La modernisation des opérations de partage », *D.* 2006, Chron. p. 2570.

CHAPITRE 24

Les aspects fiscaux de la succession

Les mutations à titre gratuit qui résultent de la liquidation de la succession donnent lieu à une taxation c'est-à-dire au paiement d'impôts. Pour que le montant de ces droits de mutation puisse être déterminé, les héritiers sont tenus de déclarer cette transmission à l'administration des impôts au moyen d'une déclaration de succession.

1 • LA DÉCLARATION DE SUCCESSION

La déclaration de succession doit être rédigée puis déposée auprès de l'administration fiscale. Elle doit être établie en double exemplaire.

A - Les modalités d'établissement de la déclaration de succession

1) Qui rédige la déclaration de succession ?

a) Principe

Les héritiers, donataires ou légataires et leurs représentants légaux sont tenus de déposer une déclaration de succession : « *Les héritiers, légataires ou donataires, leurs tuteurs ou curateurs, sont tenus de souscrire une déclaration détaillée et de la signer sur une formule imprimée fournie gratuitement par l'administration.* » (art. 800-I, CGI).

En cas de pluralité d'héritiers, les héritiers autres que ceux qui sont exonérés des droits de succession (conjoint survivant, partenaire lié au défunt par un PACS et, sous certaines conditions, les frères et sœurs du défunt qui vivaient avec lui sous le même toit) étant solidairement tenus du paiement de l'impôt sur la succession, une seule et même déclaration est suffisante, à condition qu'elle porte sur l'ensemble des biens de la succession. La déclaration doit être signée par au moins l'un des héritiers solidaires.

La rédaction de la déclaration de succession peut être confiée à un mandataire, le plus souvent un notaire.

b) Exceptions

L'article 800-II du Code général des impôts prévoit que par exception, certaines personnes sont dispensées de toute déclaration de succession :

- les héritiers en ligne directe et le conjoint survivant lorsque l'actif brut est inférieur à 50 000 € à condition qu'ils n'aient pas bénéficié antérieurement, de la part du défunt, d'une donation ou d'un don manuel non enregistré ou non déclaré ;
- les autres bénéficiaires d'une succession (frère, oncle...) lorsque l'actif brut est inférieur à 3 000 €.

2) Le contenu de la déclaration de succession

La déclaration consiste à remplir des imprimés fournis par l'administration fiscale (imprimés 2705, 2705-S et 2706). Elle doit être faite en double exemplaire (un original et une photocopie) qui doivent tous deux être signés. Des imprimés supplémentaires doivent être remplis pour chacun des immeubles situés dans des circonscriptions différentes du domicile (imprimé 2709) et si une assurance-vie a été souscrite au profit d'un héritier par le défunt (imprimé 2705-A). Ces formulaires doivent être retirés dans un centre des finances publiques ou sont disponibles sur internet.

La déclaration contient d'une part des renseignements généraux puis une estimation détaillée du patrimoine successoral.

a) Les renseignements généraux

La déclaration de succession comporte un ensemble des renseignements préliminaires tels que les renseignements relatifs à l'identité du défunt et de son conjoint survivant, le cas échéant, l'identité et la qualité des héritiers, donataires, légataires ou partenaire lié par un pacte civil de solidarité (Pacs).

b) La description du patrimoine successoral

La description du patrimoine successoral comporte des éléments relatifs à l'actif de la succession ainsi que des éléments relatifs au passif de celle-ci :

- le cas échéant, la description des dispositions testamentaires et des clauses du contrat de mariage ainsi que la date d'enregistrement du Pacs ;
- le rappel de toutes les donations consenties par le défunt antérieurement à son décès ;
- l'énumération et l'estimation détaillée de tous les biens de la succession, qu'ils soient imposables ou exonérés ;
- l'énumération et le montant des dettes du défunt.

La déclaration de succession comprend en outre une déclaration de sincérité.

B - Les modalités de dépôt de la déclaration de succession

À l'exception des personnes domiciliées dans les départements d'outre-mer et des hypothèses dans lesquelles le défunt avait un immeuble ou des droits immobiliers en Corse, l'héritier doit déposer sa déclaration de succession dans les délais suivants :

- dans les 6 mois du décès, lorsque le décès a eu lieu en France métropolitaine ;
- dans les 12 mois, dans les autres cas.

La déclaration de succession doit être déposée au service des impôts des entreprises (pôle enregistrement) du domicile du défunt si celui-ci était domicilié en France. S'il était domicilié à l'étranger, la déclaration doit être adressée à la recette des impôts des non-résidents située à Noisy Le Grand, sauf s'il résidait habituellement à Monaco (la déclaration doit alors être déposée au SIE de Menton).

2 • LE CALCUL DES DROITS DE SUCCESSION

Les droits de succession sont calculés sur la part nette recueillie par chaque héritier. L'assiette ainsi déterminée peut faire l'objet d'un abattement sur la part de chaque héritier, en fonction du lien de parenté qu'il a avec le défunt. La part nette ainsi déterminée est ensuite soumise à un tarif, qui varie également en fonction du lien de parenté entre l'héritier et le défunt.

A - Les héritiers assujettis aux droits de succession

Tous les héritiers, donataires, légataires sont soumis aux droits de succession à l'exception :

- du conjoint survivant ;
- du partenaire lié au défunt par un Pacs ;
- des frères et sœurs du défunt célibataires, veuf(ve)s, divorcé(e)s ou séparé(e)s au moment du décès, âgé(e) de plus de 50 ans ou handicapé au moment du décès et constamment domiciliés avec le défunt durant les 5 années ayant précédé le décès.

B - Les abattements sur les droits de succession

Les abattements permettent de diminuer la part soumise à imposition.

1) L'abattement en ligne directe

Un abattement de 100 000 euros est effectué sur la part de chacun des ascendants et enfants vivants ou venant en représentation d'un parent décédé pour les décès intervenus à compter du 17 août 2012 (159 325 € pour les décès intervenus antérieurement).

2) L'abattement entre frères et sœurs

Un abattement est de 15 932 € est déduit sur la part de chacun des frères ou sœurs du défunt qui ne sont pas exonérés de droits de succession (cf. *supra*).

3) L'abattement au profit des neveux et nièces

Chaque neveu ou nièce bénéficie d'un abattement de 7 967 € sur la part qui lui revient.

4) L'abattement en faveur des handicapés

Les héritiers frappés d'une infirmité physique ou mentale les empêchant de travailler dans des conditions normales de rentabilité bénéficient d'un abattement s'élevant à 159 325 €, qui peut se cumuler avec les abattements précédents.

5) Autres abattements

Tout héritier qui ne bénéficie d'aucun abattement parmi ceux cités ci-dessus bénéficie d'un Un abattement de 1 594 €.

Tableau récapitulatif des abattements

Lien de parenté avec le défunt	Montant de l'abattement
Ligne directe	100 000 € (si non exonéré)
Frères et sœurs	15 932 € (si non exonéré)
Neveux et nièces	7 967 €
Héritier handicapé	159 325 €
Autre héritier	1 594 €

C - Le montant des droits de succession

Pour chaque héritier, le montant de sa part après abattement est soumis à un barème qui dépend de son lien de parenté avec le défunt. Il peut ensuite bénéficier éventuellement d'une réduction de l'impôt ainsi calculé.

1) Les droits de succession en ligne directe

Le patrimoine transmis par donation est exonéré de droits de mutation jusqu'à 80 724 euros (pour 2013). Au-delà de cette somme, il existe un barème d'imposition progressif :

Tranche imposée	*Taux d'imposition*
De 0 à 8 072 €	5 %
De 8 072 à 12 109 €	10 %
De 12 109 à 15 932 €	15 %
De 15 932 à 552 324 €	20 %
De 552 3 242 à 902 838 €	30 %
De 902 838 à 1 805 677 €	40 %
Au-delà de 1 805 6779	45 %

2) Les droits de successions en ligne collatérale

Montant taxable après abattement	*Taux d'imposition*
Inférieur à 24 430 €	35 %
Supérieur à 24 430 €	45 %

3) Les droits de succession applicables aux autres héritiers

Montant taxable après abattement	*Taux d'imposition*
Entre parents jusqu'au 4e degré inclusivement	55 %
Entre parents jusqu'au 4e degré inclusivement	60 %

4) Les réductions

Une réduction des droits de mutation est accordée pour charge de famille à l'héritier qui a au moins 3 enfants. Son montant varie en fonction du lien de parenté :

- il se monte à 610 euros pour une succession en ligne directe ;
- il est de 305 euros pour les autres successions.

BIBLIOGRAPHIE

DOUET (F.), Précis de droit fiscal de la famille, Litec, 6e éd., 2010.

Bibliographie générale

COLLECTIF, *Les successions et les libéralités après la réforme – Loi du 23 juin 2006,* Éd. Francis Lefebvre, Coll. « Dossiers pratiques », 2006.

CRÔNE (R.), FORGEARD (M.-C.) et GELOT (B.), *La réforme des successions (loi du 3 décembre 2001),* Defrénois, 2002 ; *Le nouveau droit des successions et des libéralités – Loi du 23 juin 2006 – Commentaires et formules*, Defrénois, 2007.

DELFOSSE (A.) et PENIGUEL (J.-F.), *La réforme des successions et des libéralités,* Litec, Coll. « Pratique professionnelle », 2006.

FERRÉ-ANDRÉ (S.), BERRE (S.), *Successions et libéralités,* Dalloz, Coll. « Hypercours », 2012.

GRIMALDI (M.) (sous la direction de), *Droit patrimonial de la famille,* Dalloz, Coll. Dalloz-Action, 4e éd., 2011.

GUEVEL (D.), *Droit des successions et des libéralités,* LGDJ, Coll. « Systèmes Droit », 2e éd., 2010.

JUBAULT (Ch.), *Droit civil : les successions, les libéralités,* Montchrestien, Coll. « Domat Droit privé », 2e éd., 2010.

LEROYER (A.-M.), *Droit des successions,* Dalloz-Sirey, Coll. « Cours », 2e éd., 2011.

MALAURIE (Ph.), *Les successions, Les libéralités,* Defrénois, Coll. « Droit civil », 5e éd., 2012.

MAURY (J.), *Successions et libéralités,* Litec, Coll. « Objectif Droit », 8e éd., 2012.

RENAULT-BRAHINSKY (C.), *L'essentiel du Droit des successions,* Gualino éditeur, Coll. « Carrés Rouge », 6e éd., 2013.

TERRÉ (F.) et LEQUETTE (Y.), *Droit civil, Les successions, Les libéralités,* 4e éd., 2011.

VOIRIN (P.) et GOUBEAUX (G.), *Droit civil, Droit privé notarial, Régimes matrimoniaux, Successions, Libéralités,* Tome 2, LGDJ, Coll. Manuel, 27e éd., 2012.

ZENATI-CASTAING (F.) et REVET (Th.), *Cours de droit civil – Les successions,* PUF, 2012.

Index

Imprimé en France - JOUVE, 1, rue du Docteur Sauvé, 53100 MAYENNE
N° 2111536B - Dépôt légal : août 2013